Zumbi, Tiradentes

Coleção Estudos
Dirigida por J. Guinsburg

Produção: Plinio Martins Filho.

*obra publicada
em co-edição com a*

EDITORA DA UNIVERSIDADE DE SÃO PAULO

Reitor: José Goldemberg
Vice-reitor: Roberto Leal Lobo e Silva Filho
COMISSÃO EDITORIAL
Presidente: José Carneiro. *Membros:* Antônio Brito da Cunha,
José E. Mindlin, Luiz Bernardo F. Clauzet e Oswaldo Paulo Forattini.

Cláudia de Arruda Campos

ZUMBI, TIRADENTES
E Outras Histórias Contadas pelo Teatro de Arena de São Paulo

EDITORA PERSPECTIVA

EDITORA DA UNIVERSIDADE DE SÃO PAULO

Dados de Catalogação na Publicação (CIP) Internacional
(Câmara Brasileira do Livro, SP, Brasil)

Campos, Cláudia de Arruda.
C211z   Zumbi, Tiradentes (e outras histórias contadas pelo Teatro de Arena de São Paulo) / Cláudia de Arruda Campos. — São Paulo : Perspectiva : Editora da Universidade de São Paulo, 1988.
(Estudos ; n. 104)

Originalmente apresentada como dissertação da autora (mestrado – Universidade de São Paulo).
Bibliografia.

1. Teatro – Brasil – Aspectos políticos 2. Teatro de Arena (São Paulo, SP) – História 3. Tiradentes, 1746-1792 – Teatro 4. Zumbi, m. 1695 – Teatro I. Título. II. Série.

                         CDD – 792.0981611
                               – 792.0909358
                               – 792.09093580981
88-0307   869.9209

Índices para catálogo sistemático:
1. Brasil : Teatro : Aspectos políticos : Espetáculos teatrais 792.09093580981
2. São Paulo : Cidade : Teatro de Arena : História 792.0981611
3. Teatro : Literatura brasileira : História e crítica 869.9209
4. Teatro de Arena : Aspectos políticos : Espetáculos teatrais 792.0909358

Direitos reservados à
EDITORA PERSPECTIVA S.A.
Av. Brigadeiro Luís Antônio, 3025
01401 – São Paulo – SP – Brasil
Telefones: 885-8388/885-6878
1988

*Aos companheiros de velhos tempos,
presentes na luta ou na memória*

Para o Zenir e a Maria Ângela

O tempo é minha matéria, o tempo presente
os homens presentes
a vida presente

CARLOS DRUMMOND DE ANDRADE

Sumário

Prefácio – Décio de Almeida Prado XV

Parte 1. NA PERSPECTIVA DA CONSOLAÇÃO 1

Parte 2. O TEATRO DE ARENA: UM RETROSPECTO. 27
  1. Das Origens a *Eles Não Usam Black-Tie* 29
  2. A Fase Nacional 39
  3. A Nacionalização dos Clássicos 51

Parte 3. TEMPO DE REBELDIA: *ARENA CONTA ZUMBI* 65

  Parte 4. TEMPO DE ORGANIZAÇÃO 93
    1. Um Teatro Militante: *Arena Conta Tiradentes* . 97
    2. Uma Proposta Concreta: O Sistema Coringa .. 119

Parte 5. O TEATRO DE ARENA: HISTÓRIAS 137

BIBLIOGRAFIA 165

Prefácio

Este é o terceiro livro publicado pela Perspectiva sobre a história recente do teatro paulista. Três livros que, privilegiando três companhias, resumem o que de melhor se fez em nossos palcos nos últimos quarenta anos. *TBC: Crônica de um Sonho*, de Alberto Guzik, retrata o momento em que as energias acumuladas pelo amadorismo de São Paulo e do Rio de Janeiro confluem finalmente numa grande empresa profissional dedicada à renovação da arte cênica. *Oficina: Do Teatro ao Te-Ato*, de Armando Sérgio da Silva, focaliza, ao contrário, a derradeira etapa desse ciclo, quando as estruturas edificadas durante vinte anos começam a ser contestadas em nome de um teatro maior, ainda mal formulado, que busca desesperadamente escapar aos seus próprios limites comerciais e artísticos. Era a conversão, anunciada por Peter Brook, do teatro profano em teatro sagrado.

Faltava, portanto, o estudo da companhia intermediária, que servira de elo, no tempo se não em teoria, entre as outras duas, aquela que efetuara a passagem do internacional ao nacional, do exclusivamente estético ao político. Tal a intenção e o sentido primeiro deste *Zumbi, Tiradentes (E Outras Histórias Contadas pelo Teatro de Arena)*.

1958 é a data central de todo esse período: o Teatro Brasileiro de Comédia comemora dez anos gloriosos de existência, iniciando a curva descendente; o Teatro de Arena, graças ao sucesso de *Eles Não Usam Black-Tie*, toma-lhe o lugar, passando a liderar o teatro paulista e nacional; e o Oficina faz modestamente a sua primeira montagem amadora. Outros dez anos serão ainda necessários para que se atinja a ebulição de 1968, com José Celso encontrando afinal a sua terrível vocação de anjo exterminador.

Alberto Guzik contemplou o TBC com olhos que se esforçam por fazer justiça – e fazem – a uma concepção de teatro da qual ele já se sente bastante afastado – e não só no tempo. É o presente julgando, e às vezes absolvendo, um passado cheio de realizações por certo brilhantes mas que se lhe afigura irremediavelmente datado. Armando Sergio da Silva, em contraposição, encara a trajetória do Oficina como que se projetando sobre o futuro, uma aventura que infelizmente se interrompeu a meio mas que a genialidade de José Celso poderá a qualquer momento pôr de novo em movimento. Ambos coincidem, entretanto, num ponto: colocam-se fora e não dentro de seu objeto de estudo. Perante ele, são espectadores, não participantes.

A posição de Cláudia de Arruda Campos é um pouco diversa. Ela está fora do Teatro de Arena, por não ter tomado parte em nenhuma de suas atividades, a não ser enquanto público, mas dentro dele, inteiramente dentro, na medida em que viveu o exaltado estado de espírito que o guiou em sua fase mais polemicamente política. A história que ela conta é também em parte a sua história, o universo de idéias e sentimentos que descreve o seu universo. É a esquerda atual, amadurecida pelos anos e desenganos (expressão sua), avaliando as ilusões e deficiências de um passado dolorosamente próximo. O que imprime ritmo próprio ao livro é mesmo esse constante balançar entre a paixão (de ontem) e a isenção (de hoje). O que foi vivido emotivamente é agora revisto, sem complacência e sem sentimentalismo, pela reflexão. Todos, artistas ou ideólogos, participantes de primeiro, segundo ou terceiro grau, têm algo a pagar se o sonho coletivo falhou. Elogios e censuras alternam-se assim na difícil tentativa de cercar por todos os lados, políticos ou estéticos, a esquiva verdade. Se não se chegar ao cerne dos acertos e dos erros cometidos, nada se terá obtido.

Para tanto o livro situa os acontecimentos teatrais num panorama bem mais amplo. O espaço geográfico, delimitado aqui se não me engano pela primeira vez, é o da antiga Consolação, que se estendia entre dois pólos igualmente magnéticos: numa ponta, o Teatro de Arena, na outra, a Faculdade de Filosofia da agitada Rua Maria Antonia. Espaço político, sem dúvida, onde se tramava talvez com mais generosidade que realismo o futuro revolucionário do Brasil, mas também espaço de diversão artístico-estudantil, de confraternização geracional, de amizades e amores ferventes, de bebidas inúmeras no Sem Nome e conversas apaixonadas no Redondo.

O tempo é o daquela espécie de interregno entre 1964 e 1968, entre a ameaça e a consecução de um regime duramente ditatorial. O Arena, não podendo contar uma revolução vitoriosa da atualidade, vinga-se contando duas revoluções abortadas do Brasil Colonial, a de Zumbi e a de Tiradentes. Ao passar de uma para outra saía do simples ataque ao inimigo – a eterna direita, instalada ontem como hoje no poder – para examinar, com doses iguais de severidade cívica e de irreverência, o que falhara em 1964. A parcela maior de culpa, aí de nós, recaía sobre a figura triste e ambígua do intelectual, sempre suspenso entre o radioso mundo das idéias puras imaginadas por Platão, nosso ancestral e nosso anjo tutelar, e este insípido, imperfeito, enfadonho mundo sub-lunar. Revolucionários, concluía-se, são os homens do povo, os homens práticos, os realistas (e nesse instante passava pelo ar um desagradável odor de stalinismo), não os poetas sonhadores, os juristas afeitos a acrobacias verbais e conceituais da Inconfidência Mineira.

Pelo lado artístico, nunca descurado, Augusto Boal e Gianfrancesco Guarnieri trançavam a duas mãos (a de Boal bem mais teórica) o Sistema Coringa, tentando reconciliar Stanislavski e Brecht, com uma pequena ajuda da tragédia grega no capítulo das máscaras. Enquanto isso, enriqueciam o espetáculo ao incorporar ao texto a nova vaga de música popular brasileira (a poderosa MPB de nossos dias), com a colaboração de alguns cariocas e a chegada em massa dos primeiros baianos.

Arena Conta Zumbi e *Arena Conta Tiradentes* fornecem a este estudo a sua espinha dorsal, o centro para o qual convergem as preocupações mais fundas de análise teatral e de exegese política. Mas, a partir daí, Cláudia de Arruda Campos expande o seu campo em duas direções. Por um lado, inclui a história anterior e posterior do Teatro de Arena, refazendo sinteticamente toda a sua evolução. Por outro, trava um diálogo sempre inteligente com a opinião alheia, chamando a se manifestar seja a crítica da época, que em seu conjunto se sai surpreendentemente bem da prova, mostrando como era então atenta e atilada, seja os ensaístas que vieram alguns anos depois, podendo já contar com o recuo do tempo.

Por suas convicções pessoais, Cláudia de Arruda Campos tende ao coletivo, tratando o Teatro de Arena como um grupo, sem grandes destaques para esta ou aquela pessoa. Mas quando desce (ou sobe) ao individual, não é menos feliz. Distingue, por exemplo, entre a dramaturgia de Guarnieri e Vianinha, "que busca a expressão do social e do político através do desenvolvimento de uma situação concreta, particular, recusando o abstrato", e a de Boal, que parte de "uma idéia política geral", sendo a fábula "concebida como um veículo para explicitá-la".

Essa diferença, já discernível na década de sessenta — não é por acaso que a entrada do teatro épico no Arena se dá por intermédio de *Revolução na América do Sul* — torna-se ainda mais clara quando se considera a carreira posterior dos três escritores. Se Guarnieri e Vianinha mantiveram-se vinculados ao nacional, à realidade brasileira do momento, Boal, não por ser menos patriota (digamos assim), mas pelo feitio de sua inteligência, abstratizadora e classificadora por natureza, caminhou em direção não só a outras terras, antes mesmo que tivesse de se exilar, como a um certo tipo de universalismo artístico, no qual a luta entre o opressor e o oprimido perde as suas características locais, apresentando-se com forma fixa de relacionamento entre os homens em todos os níveis e em todos os lugares. A opção entre o concreto e o abstrato, entre o realismo e o teatralismo, de que o teatro épico é uma das vertentes, coloca-se, portanto, no âmago deste livro e da história do Teatro de Arena.

Cláudia de Arruda Campos, quando ainda se achava na fase dos primeiros esboços, confidenciou-me que não estava sendo nada fácil acertar o tom exato de uma análise desinteressada como esta, ou só interessada na estrita verdade dos fatos e das idéias, a quem se acostumara ao estilo livre e desenvolto dos panfletos voltados diretamente para a ação. Creio que ela conseguiu chegar aonde queria sem renegar as suas raízes, que são as mesmas de quase toda a sua geração, essa animosa e sacrificada geração de 1968. No livro que escreveu encontram-se superpostas, sem se prejudicarem reciprocamente, a cronista do bairro da Consolação, a pesquisadora exata, a estudiosa do teatro, a crítica arguta e minuciosa, e, reinando de modo oblíquo sobre todas elas, a militante empenhada social e politicamente. *Zumbi, Tiradentes (E Outras Histórias Contadas pelo Teatro de Arena)* não deverá, pois, ser encarada como um fim. É, não direi um começo, mas parte de uma história que o Arena já não contará mas que a autora certamente desejaria menos carregada de equívocos tanto para o teatro quanto para o Bra-

sil. Se o passado não servisse para falar do futuro, para que
serviria?

DÉCIO DE ALMEIDA PRADO

Nota

Com algumas alterações, este trabalho reproduz a Dissertação de Mestrado que desenvolvi junto ao Departamento de Letras Clássicas e Vernáculas da Faculdade de Filosofia, Letras e Ciências Humanas da Universidade de São Paulo, sob orientação do Prof. Dr. Décio de Almeida Prado, a quem nunca conseguirei agradecer suficientemente.

Entre os muitos que, direta ou indiretamente, colaboraram neste trabalho, quero agradecer a

— Sábato Magaldi e Cecília de Lara, membros da banca examinadora, cujas observações espero ter conseguido integrar à presente versão;
— Zenir Campos Reis, Manoel de Souza e Silva, Eiko Shiraiwa, Maria Aparecida M. Faria Bussolotti, Ivone Daré Rabelo, por inúmeras e diversas contribuições em todo meu percurso.

Uma grande dívida credito aos participantes do Centro de Estudos de Arte Contemporânea (CEAC), criadores de ARTE em REVISTA, particularmente a Iná Camargo Costa.

Parte 1. NA PERSPECTIVA DA CONSOLAÇÃO

*O homem está na cidade
como uma coisa está em outra
e a cidade está no homem
que está em outra cidade*

FERREIRA GULLAR

A Rua da Consolação hoje tem jeito de avenida, mas já foi estreita, já teve bonde.

A Praça Roosevelt, que nunca teve jeito de praça, não era, entretanto, esse amontoado de concreto que sufoca a velha igreja, disparatada no meio de tanta modernidade.

A Praça Roosevelt dos anos sessenta era um enorme pátio vazio que servia, já naquela época, de estacionamento, mas, evidentemente, estacionamento nada racional, selvagem, coisa de tempos anteriores à EMURB.

A praça era escura e tinha pelo meio, lembrança de antigos canteiros, umas gradinhas quebradas, excelentes para derrubar os menos avisados.

Aos domingos armava-se ali uma feira – nada de feira de artesanato ou de livros, que isso é moda de tempos mais recentes. Era feira-livre, mesmo, com as habituais frutas e hortaliças, mais o indefectível pasteleiro. Quem fosse à feira encontraria muita gente conhecida de perto e conhecida de longe, que apenas começava a substituir roupas mais sisudas por calças de brim e camisas coloridas – os habitantes da Consolação. ção.

A paisagem vista da praça, a paisagem da Consolação, já carecia de horizontes: prédios maiores e menores, muitos demolidos para alargamento da via. Reencontrar essa feição exige que se apague ao menos o elevado, o "minhocão". Seguramente, nos anos sessenta, a Consolação não contemplava tais milagres da técnica e da civilização.

Ali perto ficava a Rua Maria Antônia, com o labiríntico edifício da Faculdade de Fislosofia da USP entestando o Mackenzie e, atrás da Filosofia, a casa sede do Diretório Central dos Estudantes da USP (DCE - USP) e da União Estadual dos Estudantes, a UEE. Bem perto, na Rua Dr. Vilanova, estava a Faculdade de Economia da USP e mais além, na General Jardim, a Escola de Sociologia e Política. Ainda por ali, mais para dentro do bairro de Higienópolis, havia a Faculdade de Arquitetura e Urbanismo da USP.

Do outro lado da Consolação, na Rua Caio Prado, eram vizinhos o elegantíssimo Colégio Des Oiseaux e a Faculdade de Filosofia SEDES SAPIENTIAE.

Por toda a região, até o bairro de Santa Cecília, os edifícios de apartamentos e os casarões velhos abrigavam repúblicas de estudantes, pensões e pensionatos.

Nessa área de contrastes, o Grêmio da Filosofia (sabidamente de esquerda) mantinha seu cursinho para vestibulares próximo à sede da conservadoríssima TFP - Tradição, Família e Propriedade.

De um lado e outro da Consolação, várias livrarias e muitos, muitos bares, desde os "botecos de português", onde se podia tomar a média com pão e manteiga, até estabelecimentos bem mais sofisticados, passando por casas de batidas, como o "Sem Nome", então chamado "Quitanda", que ficou mais tarde famoso como o primeiro auditório das composições de Chico Buarque.

Desde seu aparecimento, um bar passou a centralizar a vivência da região, marcando o limite do território: o Redondo, o vértice da Consolação. No fim da década de setenta, que o marcou como "ponto" de travestis, o Redondo começou a recuperar algo do caráter de ponto artístico/estudantil/intelectual que teve na década de sessenta, já que artistas, estudantes e intelectuais eram a gente da Consolação, o recheio dos desvãos que percorremos e por onde ressoavam as palavras de ordem cunhadas por um pensamento de esquerda cuja elaboração mais profunda passava pelos corredores da Maria Antônia.

Bem em frente ao Redondo, e desde antes que houvesse o Redondo, estava o Teatro de Arena, hoje Teatro Experimental Eugênio Kusnet.

Instalado em um prédio modesto (apenas uma loja e sobreloja), o Arena não sofreu até hoje alterações essenciais.

Sempre foi um teatro desconfortável e pequeníssimo. Sala tão diminuta, nos anos sessenta, só a do vizinho Cine Bijou. Ainda não era habitual reduzir as salas de espetáculos ao mínimo suportável.

O Arena não tem saguão. O espectador aguarda a abertura do teatro praticamente na rua, apertando-se contra a porta de entrada, sob um espaço pouco maior que uma *marquise*, para garantir-se um lugar naquela sala de capacidade tão reduzida: 163 lugares.

Lá dentro, um círculo de assentos incômodos rodeia um espaço de 4,50 por 5 m que se convencionou chamar de palco. Uma saída ao fundo, uma lateral, à direita de quem entra, outra na entrada – esse é todo o espaço disponível para a circulação. No mais, refletores pendentes sobre nossas cabeças são a única promessa de iluminação. A sala é escura, abafada.

Pela escada externa, do lado oposto à bilheteria, ascende-se à sobreloja, hoje ocupada pelo INACEN. Antes, isto é, quando ali era o Arena, havia nessa sobreloja o café e uma área que se aproveitava para exposições.

Foi nesse mundo que se contou Zumbi, em 1965, quando o cenário da Consolação ainda resistia, e Tiradentes, em 1967, época em que começam a se acelerar as demolições, fornecendo, aliás, material para as barricadas que naquele ano e no seguinte se ergueram nas proximidades da Rua Maria Antônia.

As duas peças, *Arena Conta Zumbi* e *Arena Conta Tiradentes*, têm como assunto movimentos libertários derrotados, como o fora a mobilização popular a que se assistiu nos anos imediatamente anteriores a esta história. E em ambas o texto combina os fatos do passado com referência ao presente, de modo a acentuar o paralelismo.

O tempo de *Zumbi* e *Tiradentes* não é um tempo feliz. Também não é o tempo mais negro dos anos que se seguiram. Entre 1964 e 1968, restava espaço para se acreditar que estava próximo o "dia que virá" de tantas canções que então se cantavam.

O golpe de abril de 1964, da maneira como se deu, não estava nas cogitações da maioria dos setores políticos progressistas. Quando a ameaça se concretiza provoca choque, espanto. E as primeiras reações partem do pressuposto da fragilidade do novo poder. A ditadura, tachada de "retrógrada", não viera pensava-se, para ficar. Exemplo significativo é o editorial do primeiro número da *Revista da Civilização Brasileira*, em março de 1965, que tem por título "Condições e Perspectivas da Política Brasileira". Ali são apontadas as decepções de diversas camadas sociais (burguesia nacional, latifúndio, classe média) com o golpe que haviam apoiado, com, na linguagem da RCB, "a grande impostura de abril".

Segundo a revista, o regime nada mais opera que a entrega rápida de nossas riquezas ao imperialismo, sendo incapaz de resolver a crise em cuja crista se articulara. Dos acontecimentos de 64, extrai-se uma lição:

> Para todo o Brasil, entretanto, o golpe de abril e a ditadura imposta ao país estão sendo uma lição fecunda. Não era desejável, evidentemente: atrasou o nosso desenvolvimento político como o nosso desenvolvimento material e consolidou a estagnação, levando ao retrocesso, está castigando um povo inteiro com os seus métodos e processos, liquidou a liberdade de discussão e arruinou a pesquisa científica[1].

Confia-se, porém, em um restabelecimento da "normalidade democrática", já que "as forças que estão vinculadas a esse anseio são amplas, poderosas e heterogêneas, englobam vencedores e vencidos de abril"[2].

Na mesma revista, uma voz discordante, Otto Maria Carpeaux, questiona a aplicação do termo "retrocesso" ao novo regime e esboça análise que surpreende a instauração no Brasil de uma "novidade", de um tipo de ditadura não usual nestas plagas. Mas apesar de sua correção e acuidade, esta é uma opinião isolada. A essa altura, realmente, o governo militar não tem aparência definida. Abatendo-se brutalmente sobre os movimentos populares, mantém intocados pilares da velha ordem populista. Existe a preocupação de se manter uma "capa institucional": há promessas de eleições. E se a classe operária não se manifesta politicamente de maneira mais ativa, os estudantes resistem, realizando os proibidos congressos de suas entidades, embora perseguidos pelas borrachadas dos pelotões de choque da PM.

Os intelectuais ligados à *RCB*, que, afinal, representa uma corrente de esquerda preeminente na ocasião,

> sabem que a saída para a crise só poderá ser encontrada na obediência ao sentido nacional e democrático da Revolução Brasileira, fora do qual não existirá, no País, tranquilidade nem liberdade. Compreendem o sentido transitório dos retrocessos políticos -- como o atual -- assinalados pelo seu conteúdo antinacional e antidemocrático que os mina e os debilita na medida mesma em que buscam a afirmação pela violência. Esperam que os cárceres se abram, e os tribunais absolvam, e os lares recebam os que serviam de vítimas. Entendem que o ódio, de que o povo conheceu a verdadeira fisionomia, tenderá a desaparecer apenas na medida em que a liberdade

---

1. Editorial da *Revista da Civilização Brasileira* (RCB), ano I, n. 1, mar. 1965, p. 15.
2. *Idem*, p. 19.

se imponha e seja respeitada. Confiam no povo brasileiro, que saberá encontrar o caminho de sua libertação e o da conquista de seus inalienáveis direitos, fora do que não há salvação para o País. Comprometem-se a combater a intolerância, a respeitar as opiniões divergentes honestas, a considerar a discussão livre como meio único de harmonizar os pontos de vista, unindo-os para fins comuns³.

O texto da *RCB* interessa-nos não só porque reflete idéias largamente correntes, mas sobretudo pela linguagem cheia de "esperas" e "confianças", significativas de uma situação em que se procura fazer frente à ditadura, sem existir nenhuma organização ou movimento que sustente exigências e concretize passos no sentido de se encetar o falado "caminho da libertação".

Posições políticas, resultantes do fracionamento da esquerda, que se acentua na década de sessenta, discordam, em boa parte, da extensa confiança em um ressurgimento democrático manifestada pela *RCB*. Já não crêem na existência ou na eficiência de uma oposição tão ampla que envolva classes sociais antagônicas. E mais do que à análise da natureza do novo Estado, dedicam-se ao desvendamento das causas que levaram à derrota de abril.

Centralmente atribui-se o desastre à linha de ação levada pela esquerda (e por "esquerda" entenda-se aqui o agrupamento hegemônico naquele período) cujo maior erro residiria em uma política de "aliança de classes" alicerçada na suposta existência de uma burguesia nacional progressista que teria interesse nas bandeiras da esquerda por oposição aos setores sociais mais retrógrados e, sobretudo, ao imperialismo, ao capital internacional.

Conseqüência de uma tal análise das forças sociais seria a insistência em bandeiras nacionalistas, em detrimento de medidas que priorizassem a organização e os interesses específicos das classes trabalhadoras.

Resultado: à medida que a direita, escorada em e incentivada pelo imperialismo norte-americano, faz avultar o espectro do "comunismo", o pretenso aliado burguês revela-se uma falácia e todas as forças do capital se unificam, quase sem fraturas, no golpe que praticamente não encontrou resistências. Completamente desarmados, os setores revolucionários pouco podem fazer, a princípio, além de expressar seu espanto e protesto.

Em 1965, nesse estado de impotência, assiste-se a fatos políticos tais como a escalada dos Estados Unidos no Vietnan

---

3. *Revista da Civilização Brasileira*, n. e artigos citados, p. 21.

e o envio de tropas brasileiras para sufocar a República Dominicana. Gaviões sobrevoam o Continente.

No mesmo ano, A. Veiga Fialho, fazendo o balanço da última temporada teatral, resgata, de um quadro no geral negativo, a surpresa e o êxito de um *show*, *Opinião*, o qual, "dentro do terrorismo cultural desencadeado a partir de abril, num clima de sufocação da liberdade, surge como um protesto. E foi esta, talvez, a razão principal de seu sucesso[4]".

O espetáculo do grupo Opinião, uma criação de Augusto Boal (também diretor do *show*), Oduvaldo Vianna Filho, Armando Costa e Paulo Pontes, com direção musical de Dorival Caymmi Filho, reunia três intérpretes: a cantora Nara Leão (posteriormente substituída pela estreante Maria Bethânia), os cantores e compositores populares Zé Kéti e João do Vale. De acordo com os autores, o espetáculo foi concebido com duas intenções: captação de valores e sentimentos populares, expressão das "tradições de unidade e integração nacionais", e abertura de um novo caminho para a dramaturgia nacional, "uma tentativa de colaborar na busca de saídas para os problemas de repertório do Teatro Brasileiro"[5].

Em *Opinião*, através de canções, de depoimentos feitos em cena pelos intérpretes, procura-se construir um painel da realidade brasileira urbana e rural, do Norte e do Sul, orientado sempre para a denúncia de problemas sociais e para o aproveitamento de formas populares de expressão musical, tais como os versos de partido alto e os desafios.

Vindo na esteira do sucesso crescente, desde o advento da bossa-nova, de *shows* de música popular brasileira, *Opinião* é o grande marco na voga de espetáculos musicais de protesto em que vão se inserir, de certa forma, *Zumbi* e *Tiradentes*.

Como diz uma das canções interpretadas em *Opinião*, "acabou-se o nosso carnaval (...) e no entanto é preciso cantar, mais que nunca é preciso cantar"[6]. É preciso reagir à nova ordem estabelecida que veio sufocar as manifestações e organizações populares. Destruídos os diversos movimentos de arte e cultura, é preciso encontrar novas formas para, sob a censura, sob a repressão, continuar desenvolvendo uma arte coerente com as então generalizadas concepções de "arte popular" co-

---

4. A. VEIGA FIALHO, "Teatro no Brasil: Balanço de 1964", *Revista da Civilização Brasileira*, ano I, n. 1, mar. 1965.

5. A. VIANNA FILHO, O. COSTA, P. PONTES, "As Intenções de Opinião", programa do *show Opinião*, Teatro Ruth Escobar, São Paulo, abril de 1965.

6. Vinícius de Morais e Carlos Lyra, "Marcha da Quarta-Feira de Cinzas".

mo arte que se alia ao povo na perspectiva de sua libertação. E a nova forma que elude a censura vai valer-se sobretudo do poder sugestivo e elíptico da canção. Inaugura-se entre cena e público uma relação de grande interação, de cumplicidade que vai se reiterar em todos os musicais que se seguem. Só através dessa corrente contínua a palavra cantada no palco poderá atingir sua plenitude de significação. Por esse processo as músicas têm seu sentido ampliado e assim é que a "Marcha da Quarta-Feira de Cinzas" deixa de ser referenciada apenas ao denotativo pós-carnaval para tornar-se a expressão exata dos tempos que se viviam e uma canção como "Carcará" se ergue ao plano de verdadeiro hino de protesto e incitação à luta.

Zumbi não é propriamente decorrência de *Opinião*, mas certamente se anima no sucesso deste último e participa da mesma proposta geral de resistência, de reação ao sufoco que já produzira, além de *Opinião*, *Liberdade, Liberdade* (este espetáculo, com direção de Flávio Rangel, é preparado ainda durante a temporada de *Opinião* no Rio de Janeiro). Mas *Opinião* também estará presente no novo espetáculo do Arena, enquanto aproveitamento da experiência. Conforme declaram os autores à imprensa, depois de fazer "Historinha", no Paramount, e *Opinião*, apresentam *Zumbi* como "coisa pensada, que reúne as qualidades dos dois primeiros e o impacto de novas experiências"[7].

O Teatro de Arena de São Paulo começa a criar *Zumbi* em fevereiro de 1965, quando Edu Lobo, chamado precipitadamente a participar da elaboração de um musical, chega a São Paulo. Augusto Boal encontrava-se ainda no Rio acompanhando a carreira de *Opinião*.

Gianfrancesco Guarnieri, um dos autores da peça, descreve assim o período:

> A gente sentia que precisava mudar a forma narrativa. Não era uma discussão nova, mas se aguçou nesse período, sobretudo depois que chegou o Edu Lobo que veio chamado antes do tempo, por precipitação do Luís Vergueiro. Edu veio, achando que existia um texto pronto para ele musicar, mas a gente não tinha nada. A não ser a inquietação. A gente sentia a necessidade de romper com o que fazia antes. Eu tinha a idéia da "sala de visitas". Você pega três atores numa sala de visitas e se eles quiserem eles contam a história, passando do passado para o futuro, do campo de futebol para o Himalaia. Surgiu a magia do "conta". E Edu começou a cantar umas músicas novas para a gente. Cantou uma sobre Zumbi. A gente passou uma noite de loucura pela cidade e às 8 horas da manhã estava na praça da República comprando o livro do João Felício dos Santos, Ganga Zumba. Resolvemos contar a história da rebelião negra. Arena conta. Começamos a pesquisar. Boal chegou. Todos juntos. O elenco também. Dentro da maior alegria, da maior eufo-

---

7. "Arena Vai Contar a Verdade sobre Zumbi", *Folha de São Paulo*, 27.04.1965.

ria. Todo o mundo rompendo coisas até no nível pessoal, e todo o mundo buscando coisas novas. Época de euforia e alegria mesmo. E Boal organizando o trabalho coletivo[8].

"Maravilha", "prestidigitação", "participação mediúnica", "pulveriza o espaço", "explosão de talento" – a recorrência de expressões como estas nas descrições que fazem de *Zumbi*, quando de sua estréia, os críticos João Apolinário, Paulo Mendonça e Alberto D'Aversa, é significativa do sortilégio que emana do espetáculo. Se em sua gestação vive-se o clima de magia que tão bem traduz Guarnieri, o envolvimento transmite-se ao produto final: falar de *Zumbi* é falar de algo que arrebata e reflete em todos os níveis (texto, música, encenação) o dinamismo e a alegria do novo.

Não obstante, a crítica terá sérias restrições sobretudo aos conteúdos veiculados na peça.

J. Apolinário elogia o espetáculo no plano técnico, mas censura os autores por procedimento não dialético e o texto por panfletário, populista, rejeitando-o sem apelação:

> É óbvio que não apreciaremos essa mensagem de amor pela liberdade com uma fundamentação tão frágil, tão superficial e folclórica. Repugnaria à coerência que devemos a quem nos lê, como a todos repugnará a velha lenda fascista do "comunista come criança"[9].

Ainda mais severo mostrou-se Décio de Almeida Prado que considera *Arena Conta Zumbi* um espetáculo "agressivo e inteligente", original a técnica empregada – a história não é vivida, mas narrada pelos atores que se revezam nos diversos papéis –, mas, de resto, rijas pancadas: entende que a música de Edu Lobo, embora lhe pareça de fácil comunicabilidade, acaba por prejudicar o equilíbrio do espetáculo uma vez que abafa freqüentemente o texto. Quanto ao texto, analisado em profundidade, restará a mais cabal reprovação.

A história se reveste de maniqueísmo, de idealização romântica dos negros, em contraste com uma acentuação excessiva e caricata da perversidade dos brancos. Os negros são perfeitos, os brancos vão da decrepitude à efeminação, ao ridículo. E o pior para o crítico é que algo soa falso já que os brancos, com tantos defeitos, saem vencedores. Ele sabe que não se podem atribuir as simplificações à ingenuidade dos autores e por isso desvenda-lhes as intenções que lhe parecem demagógicas e ainda por cima mal servidas por essa mesma demagogia:

8. F. PEIXOTO, "Entrevista com Gianfrancesco Guarnieri", *Encontros com a Civilização Brasileira*, n. 1, RJ, jul. 1978.
9. J. APOLINÁRIO, "Arena Conta Zumbi", *Última Hora*, 15.05.1965.

A esquerda brasileira tem vivido nos últimos anos em um infeliz conúbio com a demagogia, sempre na esperança de surrupiar-lhe as massas eleitorais, mas tendo de se contentar de fato com o papel subalterno e pouco sugestivo de sustentáculo intelectual de um populismo de péssima qualidade. Em vez de servir-se da demagogia em seu próprio proveito, como pretende, ela é que tem servido de retaguarda ideológica à demagogia. Talvez fosse agora a oportunidade de recomeçar em outras bases, de interessar-se um pouco mais pelos fatos e um pouco menos pelas abstrações, um pouco mais pela verdade e um pouco menos pelas distorções deliberadas ou inconscientes da propaganda[10].

Ainda mais o desalenta verificar que a própria história da rebelião negra, sem distorções ou recurso às alusões ao presente que ponteiam a peça, serviria perfeitamente ao objetivo de tratar dos grandes temas da democracia. Por si só alcançaria demonstrar as idéias que os autores perseguem.

A crítica é arrematada por áspera invectiva:

Arena Conta Zumbi lembra freqüentemente um comício político cantado e dançado: um frenesi de movimentos, de rumor, com muito poucas perspectivas realmente novas. "Sound and fury" – será esse por acaso o novo ideal do nosso teatro de esquerda?[11].

Na *Folha de São Paulo* aparecem, ao contrário, grandes elogios. Logo após a estréia da peça, a 11 de maio, Paulo Mendonça a define pela frase que daí por diante passará a integrar os anúncios do espetáculo: "explosão de talento".

Alguns dias depois, o crítico volta a falar do cartaz do Arena através de um artigo cujo assunto se revela já pelo título: "Maniqueísmo em Zumbi". Supreendentemente, porém, não se trata de censura, mas de defesa de um maniqueísmo que reconhece existir na peça. Paulo Mendonça refuta primeiramente eventuais acusações de distorção da História:

A idéia de Augusto Boal e Gianfrancesco Guarnieri não foi escrever com a imparcialidade de cientista um capítulo da história nacional destinado aos compêndios de ginásio. Usufruindo da liberdade poética tomaram uma ação modelo do passado e a recriaram a seu modo, inserindo-a na problemática do nosso tempo, dentro de uma perspectiva que podemos aprovar ou não, segundo as convicções de cada um, mas que é nossa e não de Zumbi e seus perseguidores. A verdade que pretenderam demonstrar e da qual se pode discordar é muito mais política e moral do que histórica. E nesse terreno nada os amarrava a verossimilhança muito rigorosa[12].

O maniqueísmo é apontado como "traço de nossa época" e afirma o crítico:

Se à esquerda surgem peças que reduzem a questão social a um confronto simplista entre bem e mal, à direita não faltam julgamentos igualmente primários,

---

10. DÉCIO DE A. PRADO, "Arena Conta Zumbi", *O Estado De São Paulo*, 09.05.1965.

11. *Id. ib.*

12. P. MENDONÇA, "Maniqueísmo em Zumbi", *Folha de São Paulo*, 23.05.1965.

segundo os quais nada se aproveita fora dos valores consagrados pela tradição (...) maniqueístas somos todos e só quando recuperarmos a sensibilidade pelos matizes é que poderemos iniciar um diálogo construtivo[13].

Anos depois, precisamente em 1968, no programa da I Feira Paulista de Opinião, Augusto Boal usará argumentos muito semelhantes, propondo a oposição do maniqueísmo do povo ao maniqueísmo da ditadura.

A meio caminho entre a reprovação de Décio de Almeida Prado, a recusa veemente de J. Apolinário e a adesão de Paulo Mendonça fica Alberto D'Aversa que vê em *Arena Conta Zumbi* a gestação "de uma nova forma de espetáculo que poderá conduzir a resultados definitivos ou a um fracasso desolador". Detecta em *Zumbi* problemas e inquietudes que se colocam para um grupo de teatro que se pretenda atuante: a necessidade de criar uma forma de teatro que dê conta de uma realidade em crise; a vontade de estabelecer entre o público e o espetáculo uma relação de sinceridade, reconstruindo um pensamento (ou um mito) que se identifique com os sentimentos dos atores e público; o abandono de uma imitação da realidade natural pela expressão com modos e meios teatrais; uma nova relação com o texto dramático — a adesão do ator "não estará sujeita exclusivamente ao texto dramático, mas é determinada por um núcleo de sentimentos que vivem na própria época e que, através da representação, deverão ser levados à consciência dos espectadores"[14]; a descoberta das possibilidades de significação do canto, bem mais abrangente que a mera palavra.

D'Aversa não se surpreende com a inovação, ou seja, o revezamento dos atores nos diversos papéis. Conhece precedentes, como os textos do argentino Oswaldo Dragun, as peças do Teatro dei Gobbi e do Teatro Cabaret de Cobelli, que usam processo semelhante. Não estaria, assim, em uma nova técnica a originalidade do espetáculo, e sim "na imagem que se forma no decurso do mesmo, rica de tal carga explosiva, de sugestões e realizações, que transcende largamente as metáforas do texto para colocar-se no plano duma comunicação tão sincera e espontânea como poucas vezes podemos constatar no atual teatro brasileiro"[15]

---

13. *Id. ib.*

14. ALBERTO D'AVERSA, "Arena Conta Zumbi", *Diário de São Paulo*, 20.06.1965.

15. *Idem*, "Arena Conta Zumbi II", *Diário de São Paulo*, 22.06.1965.

Entende que o texto não é feliz quanto à consecução de seus objetivos: de um lado, o mito não tem interesse para o público; de outro, naquilo que interessa, ou seja, o aspecto político atual, se diz menos do que se poderia dizer. Assim, "corre-se o risco de oferecer uma esplêndida forma que encubra um fraco conteúdo"[16]. Conclui, no entanto, pela minimização das falhas e afasta o risco da forma sem conteúdo por acreditar que desta vez o conteúdo do espetáculo seja o próprio espetáculo.

Apesar de discutível e discutido, ou quem sabe até um pouco por isso mesmo, *Arena Conta Zumbi* é um grande sucesso de público. Estreando a 1º de maio de 1965, terá longa e brilhante carreira.

A primeira semana é dedicada aos estudantes, com preços reduzidos — no dia imediatamente posterior à estréia, os quinze espetáculos seguintes já estão vendidos.

Em junho faz-se a gravação do espetáculo em disco que se esgota rapidamente. Só o encanto da peça poderia explicar o êxito de uma gravação-documento que nada corrige das impurezas da interpretação, executada que é por atores sem formação musical.

Em agosto, tendo já ultrapassado a centésima apresentação, sempre com casa lotada, *Zumbi* segue para Porto Alegre de onde retorna em setembro, com substituições no elenco. Ainda em setembro prepara-se outra montagem no Rio de Janeiro, sob direção de Paulo José.

A 17 de outubro *Zumbi* atinge 200 representações, tendo já percorrido número significativo de cidades no interior do Estado. O Arena começa a cogitar da montagem de um novo espetáculo: *O Inspetor Geral*, de Gogol. Em dezembro, entretanto, a peça continua em cartaz e é levada ainda, com sucesso, no Teatro Marília de Belo Horizonte. Nos dias 28 e 29 de janeiro de 1966, o Arena conta *Zumbi* no Festival de Teatro de Santos.

A 13 de maio de 1966 estréia *O Inspetor Geral* e *Zumbi* segue em excursão para o interior de São Paulo e Paraná. Em outubro volta à casa da Rua Teodoro Bayma, agora sob direção de Paulo José, uma vez que Boal se encontrava trabalhando na Argentina. Entre apresentações no próprio Teatro de Arena, nos teatros municipais (Artur Azevedo, Paulo Eiró e Biblioteca da Lapa) e novas excursões pelo interior, *Zumbi* só desaparecerá de cartaz, em São Paulo, a partir de 1967, quando já se ultimam os preparativos de *Arena Conta Tiradentes*.

---

16. *Id. ib.*

A peça mereceu várias outras montagens por grupos amadores e profissionais nas décadas de 60 e 70. Em 1967 foi o texto escolhido para, sob direção de Hermilo Borba Filho, inaugurar o Teatro de Comédia do Recife. Em 1969/70, o Arena leva *Zumbi* nos Estados Unidos, em Lima e Buenos Aires. O mesmo espetáculo, em 1970, vai representar o Brasil no Festival Mundial de Teatro, em Nancy, juntamente com outra produção do Arena, o *Teatro Jornal – Primeira Edição*.

O grande sucesso de *Zumbi* não é diminuído em sua significação pela ausência de concorrentes. Pelo contrário, 1965 é considerado um bom ano teatral. Dois excelentes espetáculos, pelo menos, atraem o público paulista: *A Megera Domada*, com direção de Antunes Filho e incluindo no elenco nomes como Armando Bogus e Irina Grecco (aliás, desponta no elenco aquela que viria a ser a "namoradinha do Brasil" nos anos 70: Regina Duarte), e o inesquecível desempenho de Cacilda Becker em *Quem Tem Medo de Virgínia Woolf*, de Edward Albee, em montagem que tem a direção de Maurice Vaneau e a participação de Walmor Chagas, Lilian Lemmertz e Fúlvio Stefanini.

A televisão, que já vinha sendo apontada como ameaça à sustentação do teatro, quer cooptando-lhe os talentos, quer atraindo um provável público, alarga sua faixa de popularidade, especialmente entre a juventude, com espetáculos musicais como *O Fino da Bossa* e *Jovem Guarda*, ambos da Record.

O mais surpreendente, talvez, seja a coexistência de *Zumbi* com espetáculos congêneres. Na ocasião de sua estréia está ainda em cartaz – e com grande sucesso – *Opinião*, no Teatro Ruth Escobar. O próprio Teatro de Arena, em momento de grande vitalidade, não se limita a contar *Zumbi*, mas apresenta ainda *Esse Mundo é Meu*, musical de Sérgio Ricardo (agosto de 1965). *Arena Canta Bahia*, com Maria Bethânia (a grande revelação musical do ano), Gilberto Gil, Caetano Veloso, Macalé e a estreante Maria da Graça, que então era designada como "fenômeno musical" e alcançaria fama nos anos seguintes, já como Gal Costa, estréia no TBC a 10 de setembro. Em outubro, o Arena monta, no Teatro Oficina, *Tempo de Guerra*, um musical/colagem, com textos de Brecht, tendo ainda como principal intérprete Maria Bethânia.

Tudo leva a crer que essa vitalidade do teatro e da música, longe de promover dispersão, constitui uma somatória que atua como fator de mobilização do público. E dessa mobilização beneficiam-se todos os bons espetáculos, entre os quais, sem dúvida, inclui-se *Zumbi*. É verdade que não irá receber nenhum dos tradicionais prêmios da crítica, o que não impede que, olhando retrospectivamente, o vejamos como o espetáculo mais importante daquele ano, por sua oportunidade, por aquilo que tem de inovador e também por ser o mais ambicioso – e feliz – dos musicais, num período que ficará marcado como a grande época dos musicais, do canto que preenche um tempo em que só a esperança é razão de cantar.

É oportuno falar de outra componente desse tempo: a censura, o terrorismo cultural.

Sobre *Zumbi* especificamente (e que isso não venha em seu desdouro) a censura age de forma branda. A única passagem cortada é uma frase dita no 2º ato pelo bandeirante Domingos Jorge Velho: "A Igreja e o Estado em perfeita harmonia, só faltava o Exército". Exigiu-se a substituição da palavra "Exército" por "bandeirantes".

O mesmo já não acontece com *Opinião*, censurado na mesma data (14.05.1965) e irremediavelmente mutilado pelos cortes. Segundo a *Folha de São Paulo* de 16.05.1965, o primeiro corte foi o da música "Notícia de Jornal", de Zé Kéti, que foi substituída por "Acender as Velas". O segundo verificou-se na parte em que Maria Bethânia citava dados estatísticos sobre a migração de nordestinos para o sul do país, tangidos pela fome. A censura permitiu a substituição desses dados por outros como o peso das águas marinhas oferecidas pelo governo brasileiro à rainha Elizabeth II da Inglaterra, por ocasião de sua coroação, e o valor em dinheiro do prêmio que o costureiro Denner obteve em Nova York.

Ao cantar o refrão "Guajira Guantanamera", Maria Bethânia explicava: "Guajira Guantanamera quer dizer camponesa de Guantanamo". Censurado o refrão, a cantora passava a dizer: "Guajira Guantanamera quer dizer Guajira Guantanamera".

Da música "Esse Mundo é Meu", de Sérgio Ricardo e Rui Guerra, proibiu-se a frase: "mas acorrentado ninguém pode amar". Em vez de dizerem a frase os intérpretes passam a entoar apenas a melodia. Uma composição sobre Tiradentes foi cortada no trecho em que afirmava: "Lhe digo mais, esse alferes era um militar". Exigiu-se a supressão da palavra "militar". Não sabendo como substituí-la, os intérpretes simplesmente saltavam para a frase seguinte.

Num primeiro momento (e, mais uma vez, que isso não implique em desdouro para os espetáculos) a censura parece até funcionar como uma forma de propaganda. Há grande afluência de público para ver os espetáculos censurados. A esse respeito lê-se na edição citada da *Folha de São Paulo*:

> Os cortes surgiram no fim da semana; de lá para cá a procura dos ingressos (já grande anteriormente) aumentou mais ainda. E os assistentes aplaudem em cena aberta exatamente quando os artistas cantam ou declamam os textos modificados.

Tais fatos nos dão uma idéia da profunda cumplicidade estabelecida entre palco e público e que, como se vê, não é restrita ao ato de decodificação do espetáculo. A identificação se dá ainda a nível dos problemas enfrentados. Naquele momento faz-se do teatro um centro de convergência das vozes que protestam.

A repressão parece, encarada nessas circunstâncias, risível. Mas as coisas já ficam bem pouco engraçadas quando peças são sumariamente proibidas no dia da estréia, como aconteceu com *O Berço do Herói*, de Dias Gomes, ou quando a polícia de Carlos Lacerda prende a atriz Isolda Cresta, do elenco de *Electra*, por haver lido um memorial referente ao envio de tropas a São Domingos.

No número inicial da *Revista da Civilização Brasileira* encontra-se um balanço desalentador do primeiro ano de "terrorismo cultural", mostrando as perseguições a artistas, cientistas, estudantes, escritores, professores e instituições. Mas é nesse mesmo número da revista que encontramos aquelas citadas manifestações de esperanças no restabelecimento da "normalidade democrática".

É bem verdade que não se ficou esperando de braços cruzados pela democracia. Não são poucas as notícias de mobilizações de artistas, estudantes e intelectuais contra a repressão. Os próprios espetáculos de que falamos são exemplo da resistência ativa. Mas essa resistência carece de raízes mais sólidas e o poder vigente vai aprofundando seu domínio da situação.

Ainda em 1965, para citarmos apenas medidas relacionadas à cultura, regulamenta-se a chamada "Lei Suplicy", que extingue em definitivo as entidades de representação estudantil e tenta substituí-las por órgãos controláveis – os Diretórios. Nesse mesmo ano instala-se a I Conferência Nacional de Educação, na abertura da qual o presidente Castelo Branco propõe um "saneamento" na Educação, por ele acusada de desencaminhar a juventude da senda democrática.

Enquanto se escrevia e se cantava a liberdade, aquele poder que parecia tão efêmero ia-se enraizando de tal modo que, a 28 de novembro de 1965, um jornal como *A Folha de São Paulo* pôde estampar a seguinte manchete:

PAÍS RECEBE TRANQÜILO ATO INSTITUCIONAL Nº 2

É, se real, momentânea a tranqüilidade. Modifica-se rapidamente o quadro das instituições, mas também o teor das reações ao poder. Crescem em número e agressividade alguns movimentos sociais, marcadamente o movimento estudantil que, em 1966, a partir da repressão exercida sobre os estudantes mineiros, sai às ruas em seguidas passeatas pelos principais centros universitários do país. Há choques violentos com a polícia, feridos e grande número de prisões por toda parte.

1967, o ano em que o Teatro de Arena conta *Tiradentes*, inicia-se com a publicação da nova Constituição. A partir da denúncia dos acordos MEC-USAID e do relatório ATCON, que reestruturam a Educação no Brasil, avultam as agitações, acirradas a 28 de março pela morte, em choque com a polícia carioca, do estudante Edson Luís. No desdobramento da chamada "crise dos excedentes" chega-se à ocupação das faculdades. Pelas portas das fábricas distribuem-se panfletos que informam sobre o movimento estudantil e pedem o apoio dos operários.

O governo começa a dar, em todos os terrenos, sólidos passos no sentido da "modernização" do país, da implantação de um modelo, mostrando face bem diversa daquela aparente arbitrariedade transitória que a princípio se lhe imputavam. Já não estende suas garras apenas sobre as esquerdas – começa a assombrar setores tidos até então como aliados. Políticos do período anterior, Adhemar de Barros, Juscelino Kubistcheck, Carlos Lacerda, Jânio Quadros, são varridos da mesa do poder. Tentativas de oposição "democrática" incluindo representantes dessa velha ordem política não vão encontrar eco na maioria das correntes de esquerda que, escaldadas pelo malogro de alianças pregressas, buscam seus próprios caminhos. Acirram-se as contradições. Começam a se organizar os primeiros grupos armados de esquerda. Em 1967 não há mais praticamente espaço para manifestações de esperança no "restabelecimento da ordem democrática".

A "canção do dia que virá" não é mais, embora muitos ainda não o percebam, o aspecto de maior relevância na arte brasileira, que assiste agora às revisões contundentes de *Terra em Transe*, de Glauber Rocha, no cinema, e no teatro a *O Rei da Vela*, de Oswald de Andrade, na ousada montagem do Oficina. O grande vôo da música popular passa a ser quase institucionalizado, através dos exuberantes festivais da Record. Na poesia destacam-se os movimentos formalistas. No festival de música de 1967, "Alegria, Alegria", de Caetano Veloso, causa intensa polêmica — está dado o primeiro empurrão para o Tropicalismo, uma poética de crise que marcará a virada da década. Em arte como em política manifestam-se agudas reações a um tipo de discurso e de prática identificados com o "populismo". Recusa-se a arte que pretenda exprimir um povo, que está afinal ausente da luta, e falar em seu nome, como se recusa qualquer política de caráter tutelar que submeta ou vincule as classes trabalhadoras a interesses burgueses.

Arena Conta Tiradentes estréia em São Paulo a 21 de abril de 1967, após apresentar-se entre os dias 12 e 18 em Belo Horizonte e Ouro Preto. O espetáculo irá se inscrever como mais uma contribuição de vulto, num ano de grande atividade do teatro paulista.

A 22 de abril, a coluna de Moracy do Val, em *Notícias Populares*, tem por título: "Terminou a Crise do Teatro". O cronista observa que "enquanto 1966 terminou com apenas um espetáculo em cartaz (*A Infidelidade ao Alcance de Todos*), 67 pinta com ânimo inesperado"[17].

Já no início do ano assiste-se à revelação de Plínio Marcos; Flávio Rangel nos traz um magnífico *Édipo Rei*; faz sucesso *Black-out*, com direção de Antunes Filho; o Teatro Oficina, que fora destruído por um incêndio, é reconstruído e anuncia reabertura com *O Rei da Vela*; desde sua estréia atrai elogios e grande público aquele que virá a ser o espetáculo do ano: *Marat-Sade*, de Peter Weiss, pelo Teatro da Esquina, com direção de Ademar Guerra. Do elenco de *Marat-Sade* participam grandes atores: Armando Bogus, Rubens Correa, Irina Grecco, Aracy Balabanian, Eugênio Kusnet, Carminha Brandão, Serafim Gonzales.

A ficha técnica de *Tiradentes* apresenta, em todos os itens, profissionais "de primeira linha", gente que no teatro e na música experimentara sucesso nos últimos anos, além de alguns novos valores. O espetáculo é resultado de dedicada pesquisa que vai da visão poética de Cecília Meireles sobre a Inconfidência aos Autos da Devassa e ao reconhecimento dos locais onde se desenrolam os fatos. Não obstante, a peça que tem, segundo Augusto Boal, como principal objetivo "a análise de um movimento libertário que, teoricamente, poderia ter sido bem

---

17. MORACY DO VAL, "Terminou a Crise do Teatro" *Notícias Populares*, 22.04.1967.

sucedido"[18], é, ela mesma, algo que poderia ter melhor fortuna.

A carreira de *Tiradentes*, que junto à crítica é relativamente melhor sucedida que o musical anterior, dura cinco meses, incluindo excursões pelo interior. A nível de público fica muitos pontos abaixo de *Zumbi*. Não se registram remontagens significantes, a não ser a que foi dirigida por Guarnieri, em 1978, e mesmo esta não chegou a despertar grande interesse. No entanto, embalada por toda uma teorização sobre o espetáculo, a peça de Augusto Boal e Gianfrancesco Guarnieri será o ponto de partida de uma extensa polêmica.

Já no programa do espetáculo, dois artigos de Boal, "Tiradentes: Questões Preliminares" e "Quixotes e Heróis", aparecem como convite – ou provocação – à controvérsia.

São ali expostos os objetivos da peça, o tratamento dado ao fato histórico, do qual se toma "um esquema analógico aplicável a situações semelhantes"[19], e com isso se justifica a esquematização das personagens: serão eliminadas todas as características não essenciais à trama e à idéia.

Apresenta-se um novo tipo de personagem, o Coringa, a quem compete narrar e ao qual se atribui o "direito de contar como bem lhe parecer a fim de demonstrar sua tese"[20].

No segundo artigo, Boal sustenta a necessidade de se recuperar a empatia, a ligação emocional imediata do espectador com a personagem. Nesta peça pretende-se que a identificação empática se realize através da "função protagônica", um papel que será vivido naturalisticamente por um único e mesmo ator (os outros papéis estão sujeitos ao revezamento dos atores). No caso, o papel é o de Tiradentes, do herói. E surge aí nova questão para a qual se faz necessária uma defesa. Diz Boal: "hoje em dia os heróis não são bem vistos. Dele falam mal todas as novas correntes teatrais"[21]. Para ele, entretanto, é preciso resgatar o herói da função mistificadora que lhe conferiram as classes dominantes. Em se tratando do Tiradentes, quer-se acentuar o herói revolucionário em contraposição à mistificação da História oficial que o reduziu a "Mártir da Independência".

---

18. A. BOAL, "Tiradentes: Questões Preliminares", Programa do espetáculo, Teatro de Arena de São Paulo, abr. 1967.
19. A. BOAL, "Tiradentes: Questões Preliminares".
20. *Id. ib.*
21. *Idem*, "Quixotes e Heróis".

É talvez pelo que há de provocador nessas teses que um crítico como João Apolinário, de *Última Hora*, apenas resvala no espetáculo para deter-se no aparato teórico que o envolve.

Apolinário classifica a remissão do herói de "tese quase monstruosa, porque reacionária"[22]. Também como reacionários (embora aceite que o reacionarismo possa ser involuntário) rotula os resultados da distorção do contexto histórico em função de um "panfletarismo ingênuo, convencional, retórico e 'didático' próprio para ginasianos glorificando o 21 de abril"[23].

A concepção cênica adotada por Boal, o sistema do coringa, é recusada *in totum* e culpada pela inconsistência dramática dos personagens.

Sobre as mesmas questões Anatol Rosenfeld produzirá excelente ensaio onde, em outro nível de análise, vai demolir as teses de Boal, cotejando inclusive a teoria e sua realização no palco.

Boal faz desenvolver a função protagônica dentro de um único estilo, o Naturalismo, enquanto, para o restante, se vale do mais irrestrito ecletismo de gênero e estilo. Anatol Rosenfeld principia por observar a inviabilidade do Naturalismo num teatro de arena onde a proximidade excessiva entre público e atores impede que se processe a necessária ilusão. Aponta, a seguir, a contradição existente em se tratar o herói em termos naturalistas:

> Mitizar o herói com naturalismo é despsicologizá-lo através de um estilo psicologista, é libertá-lo dos detalhes e das contingências empíricas através de um estilo que ressalta os detalhes e as contingências empíricas[24].

A seu ver a função protagônica arrisca-se ainda a romper a unidade da peça e tal não acontece apenas e exatamente porque a função falha e o herói acaba por integrar-se ao teatralismo que caracteriza o espetáculo.

Quanto à pretendida recuperação do herói, ao uso do mito, é um esforço frustrado já que não se pode conceber o herói fora de um tempo e de um contexto heróico. Além disso, a utilização do mito não seria procedimento conveniente:

> O mito elimina as inúmeras mediações de uma realidade complexa, deforma-a. Trata-se de uma redução a dimensões primitivas, de uma mistificação. Face à consciência atual, o mito, por desgraça, sempre tende a ter traços mistificadores, a

---

22. J. APOLINÁRIO, "Arena Conta Tiradentes", *Última Hora*, 02.05.1967.
23. *Ib. id.*
24. A. ROSENFELD, "Heróis e Coringas", *Teoria e Prática* n. 2, São Paulo, Teoria e Prática Editora, out. 1967.

não ser que seja tratado criticamente. A oferta do mito às "massas" é uma atitude paternal e mistificadora que não corresponde às metas de um teatro verdadeiramente popular[25].

No Suplemento Literário de *O Estado de São Paulo*, Maria Sylvia Franco Moreira, intelectual sem vínculos com a crítica de teatro, dedica à peça um artigo de rigor impiedoso, intitulado "Tiradentes, Versão Arena". A autora relaciona as falhas dramáticas de *Tiradentes* a um erro básico na abordagem das situações históricas, qual seja, o de extrapolar para o século XVIII conceitos e realidades de hoje, destacando a Inconfidência e os que dela participaram do devido condicionamento histórico. Desse modo, os autores teriam deixado tanto de captar o sentido revolucionário da ação dos inconfidentes quanto de definir o sentido de uma luta libertária válida na atualidade.

Da falta de reflexão sobre os fatos, da falta de aplicação de um método histórico decorreria a fragilidade da mensagem mantida em nível pouco superior ao do ensinamento escolar. Para Maria Sylvia, a peça projeta uma imagem grandiosa do herói que morre pela liberdade sem que se responda a uma pergunta fundamental: de que liberdade se trata?

Alberto D'Aversa dedicará a *Tiradentes* nada menos que cinco notas críticas. Já na primeira, a 29 de abril de 1967, define o espetáculo como criação de vanguarda enquanto revolução formal, aplicada, entretanto, a conteúdos conservadores. Os autores teriam desenhado uma versão conformista e tradicional da Inconfidência, de modo que, conclui o crítico: "encontramos um ótimo espetáculo de duvidosa audácia e de inegável eficiência teatral"[26].

Coerentemente, quando volta a escrever sobre o espetáculo, D'Aversa analisará o sistema adotado por Boal, a atuação dos atores, ou seja, os aspectos que fazem de *Tiradentes* uma boa realização formal.

Diferem das outras críticas publicadas nos jornais da época os textos de Sábato Magaldi e Décio de Almeida Prado, os quais partem de extensa descrição da peça e da compreensão de seus métodos e objetivos. Deste último é a única crítica quase inteiramente favorável ao espetáculo. As restrições que lhe faz são de pequena monta: alguma redundância, uma paródia de mau gosto, recriminações excessivas aos poetas-inconfidentes. Os elogios estendem-se do texto para o sistema de

---

25. *Id. ib.*
26. A. D'AVERSA, "O Arena Começou a nos Contar Tiradentes", *Diário de São Paulo*, 30.04.1967.

construção dramática, interpretação, música, cenários e figurinos – em suma, detectam-se valores em todos os níveis, uma vez compreendidos os alvos que os autores pretendem atingir. Décio de Almeida Prado entende o texto como crítica – que é – do liberalismo e idealismo político mas também como expressão maior da realidade humana. Para ele:

> concordemos ou não com as suas análises políticas, ou com o quadro histórico que traça, não se pode deixar de admirar a maestria, diríamos artesanal, com que as personagens e as cenas são rapidamente esboçadas, de tal modo que, abolido o conteúdo ideológico, ainda assim ficaria de pé o retrato de situações humanas, de confronto entre diferentes tipos de personalidade, de comportamentos sociais padrões (o político, o jurista, o poeta, o militar, o revolucionário), que nos surpreendem, fazendo-nos sorrir, pela acuidade da observação, em geral satírica. Bons olhos para ver como os homens agem, bons ouvidos para escutar o que eles dizem habitualmente, justificando-se perante si mesmos ou perante os outros, são as qualidades próprias da peça. O que é outra maneira de dizer que ela vale por si mesma, como obra de arte autônoma, e não apenas como veículo de idéias políticas[27].

Sábato Magaldi, ao analisar o texto de *Tiradentes*, aponta o paralelismo que os autores procuram fazer entre os acontecimentos políticos do passado e do presente: uma revisão da Inconfidência Mineira como autocrítica da esquerda em face da política de hoje.

Enquanto Décio de Almeida Prado afirmava que *"Arena Conta Tiradentes* engloba e transcende a obra de seus dois autores"[28], Sábato Magaldi entende que "se Boal é um bom teórico da encenação, não atinge em *Tiradentes* o mesmo nível como realizador, caricaturando às vezes grosseiramente o que ele e Guarnieri escreveram"[29].

Esse "caricatural" provém, segundo o crítico, da deformação operada com vistas a desmistificar a Conjuração Mineira, de tal forma que se pode supor que

> Boal e Guarnieri pretenderam menos aprofundar a grandeza libertadora da Inconfidência Mineira e o seu valor simbólico na luta pela emancipação nacional do que identificá-la à pândega vigente no Governo João Goulart[30].

As soluções dramáticas encontradas pelos autores, e que a Décio de Almeida Prado pareceram positivas enquanto sistematização que veio a corrigir o "descabelamento" de *Zumbi*, são avaliadas em sentido exatamente contrário pelo crítico do Suplemento Literário: a excessiva racionalização retiraria ao

---

27. DÉCIO DE A. PRADO, "Tiradentes Contado pelo Arena", *O Estado de São Paulo*, 07.05.1967.
28. *Id. ib.*
29. S. MAGALDI, "Arena conta Tiradentes", Suplemento Literário de *O Estado de São Paulo*, 1.07.1967.
30. *Id. ib.*

espetáculo o alcance de comunicação que se obtivera anteriormente.

Não ficam, entretanto, sem registro, aspectos positivos do espetáculo ou do sistema que lhe dá forma. A eficácia da sátira, o abandono do estilo único, a fusão de teorias brechtianas com as lições do método Stanislavski, a possibilidade de os atores representarem vários papéis, são alguns desses aspectos. Mas previne-se o crítico contra as intenções expressas por Boal de impor o Sistema Coringa como forma fixa para qualquer espetáculo. Decorrência de problemas específicos do Teatro de Arena, o método não teria igual rendimento se aplicado à dramaturgia tradicional. E, mesmo no Arena, a repetição poderia cansar o espectador:

> As formas discretas, intuitivas, espontâneas, costumam passar despercebidas, e por isso podem repetir-se, enquanto as soluções elaboradas e demasiado racionais se esgotam na própria originalidade[31].

Outro crítico de *O Estado de São Paulo*, João Marschner, classifica o trabalho do Arena como "teatro que propõe alguma coisa", no caso, "uma revisão da história e uma nova forma de interpretação do ator", e, por fim, como espetáculo obrigatório "por falar à mente e à emoção"[32]. Referindo-se à revisão da história efetuada na peça, procura manter um tom neutro. A crítica, ao invés de revelar-se acintosamente, se faz de forma indireta, entremeando períodos em que aparentemente apenas se traduzem as intenções dos autores, como:

> A Inconfidência Mineira é aqui desmistificada e mitificado o seu herói, o alferes Joaquim José da Silva Xavier. Que para se fazer isso tenha que haver distorção dos fatos e da atuação de personalidades (que, com isso, não têm oportunidade de se justificar dentro do contexto sociológico no qual viveram) não importa: interessa, aos autores, vê-los num distanciamento crítico, pelo qual ressalta seu procedimento durante a Revolta.

Mas o final do parágrafo destila ironia:

> E interessa também aos autores, além do julgamento, compor a fábula, que, como é de direito, tem sua moral: o malogro da Inconfidência deveu-se a ser ela um movimento isolado, de um grupo de sonhadores, insensível aos anseios de toda coletividade. Sêde, pois, populares, candidatos a revoluções![33]

Quanto à nova forma de interpretação, o crítico assinala a funcionalidade do Sistema Coringa, mas observa que

o sistema não consegue eliminar a hierarquia do talento, que faz Guarnieri desempenhar melhor os seus papéis (foi, aliás, aquinhoado com as melhores falas) e que,

---

31. *Id. ib.*
32. J. MARSCHNER, "Tiradentes Examinado por Teatro", *O Estado de São Paulo*, 28.04.1967.
33. *Id. ib.*

ainda, nos faz julgar Renato Consorte melhor em Barbacena e Francisco de Paula e Jairo Arco e Flexa mais convincente em Silvério[34].

Paulo Mendonça, que reagira com entusiasmo apaixonado a *Zumbi*, considera também a nova peça do Arena como espetáculo de primeira importância.

Do mesmo modo que Décio de Almeida Prado, reconhece o avanço, digamos técnico, obtido com a sistematização e racionalização, superando a imprecisão dramática de *Zumbi*. Reconhece, mas, como Sábato Magaldi, não aprecia: "a preocupação com o método e com a clareza, até certo ponto tira o vôo da peça"[35].

Preocupado sobretudo com as relações entre a mensagem do espetáculo e seu destinatário, desagrada-lhe a excessiva ênfase conferida a um didatismo impositivo que não estimula o espectador a pensar e que pode levar, diante do texto, a dois tipos de reação:

a aceitação total de seus postulados (a ser esperada principalmente da parte dos que já estavam *a priori* conquistados) e a recusa, da parte daqueles a que não se deu propriamente oportunidade de integração na dinâmica intelectual da peça[36].

Arena Conta Zumbi, *Arena Conta Tiradentes* – diferença de fortuna quanto ao sucesso de público e saldo quase idêntico no que respeita à apreciação da crítica. Os elogios, exceptuados os de Paulo Mendonça a *Zumbi* e os de Décio de Almeida Prado a *Tiradentes*, prendem-se principalmente aos aspectos formais, originais, inusitados. Ainda assim, são muitas vezes feitos com ressalvas e cautelas.

As censuras extraídas dos diversos textos críticos equivalem-se ou se complementam: panfletarismo, maniqueísmo, demagogia, distorção da realidade, deformação dos caracteres, desrespeito à História, didatismo impositivo, ineficácia e inconsistência política e/ou dramática.

Se a crítica jornalística nem sempre pôde aprofundar certas questões, mercê do pouco tempo e espaço de que dispunha, abordou a maioria dos problemas suscitados pelas peças e que vieram a ser esmiuçados em trabalhos como o de Anatol Rosenfeld sobre *Tiradentes*, onde se surpreendem as incongruências do espetáculo a partir de exaustiva discussão em torno das soluções dramáticas escolhidas pelos autores e as quais Boal defende como forma privilegiada para um teatro popular.

---

34. *Id. ib.*
35. P. MENDONÇA, "Tiradentes", *Folha de São Paulo*, 30.04.1967.
36. *Id. ib.*

Realizações polêmicas, *Zumbi* e *Tiradentes* provocaram debates que ultrapassaram o domínio da crítica especializada e se estendem até nossos dias, envolvendo reavaliações do teatro engajado no Brasil, das tentativas de cultura popular, enfim, da produção de esquerda e do pensamento que a informa.

Com variações no teor de análise, resultantes da formação de cada comentador, ou dos objetivos perseguidos, retomam-se, em estudos mais recentes, basicamente aqueles pontos e posições já levantados pela crítica militante em 1965 e 1967, ampliando-se o leque de considerações ou aprofundando-se, às vezes, determinados problemas, quer por já se ter à disposição aquele apoio crítico, quer pela perspectiva oferecida pelo distanciamento histórico, ainda que relativo.

Oportunamente trataremos de tais reavaliações, mas seria o caso de adiantar aqui uma característica que as unifica: a preocupação de compreender os musicais dentro do contexto em que se realizaram. E não poderia ser diverso. Trata-se, afinal, de peças que guardam relações muito próximas e até programáticas com um tempo, um espaço, uma linha política – e, por que não, existencial? – determinados.

Roberto Schwarz, em 1970[37], coloca alguns pressupostos básicos para uma análise de *Zumbi* e *Tiradentes* quando examina a produção cultural no Brasil, entre 1964 e 1969, e nela observa uma presença predominante do pensamento de esquerda que não se dilui com a mudança do regime político em 1964.

Desde a década de cinqüenta, observa o autor, e de forma acelerada durante o governo João Goulart, floresce vasta atividade cultural (da música popular ao ensino universitário) que, em seu conjunto, reflete o arsenal ideológico e os problemas de um marxismo deformado pelo pensamento e pela prática populistas.

O PC (ou PCB – Partido Comunista Brasileiro), até fins de 50, é praticamente o único agrupamento político de esquerda com atuação marcante no domínio cultural. Mesmo depois, com o surgimento de diversas outras organizações, algumas, inclusive, resultantes de fracionamento do próprio Partido, este continua detendo o papel hegemônico.

De acordo com Schwarz – e sua análise não difere, no essencial, da maioria dos estudos sobre a história política dos

---

37. R. SCHWARZ, "Cultura e Política, 1964-1969 – alguns esquemas", in *O Pai de Família e Outros Estudos*, Rio de Janeiro, Paz e Terra, 1978. (O ensaio foi originalmente publicado em *Tempos Modernos*, Paris, julho, 1970). Ao citar indicaremos as páginas da edição de Paz e Terra.

anos sessenta – o PC mantém uma linha mais antiimperialista que anticapitalista, pautando sua prática pela aliança com setores burgueses industriais, pretensamente nacionalistas e progressistas, distinguindo-os de um setor agrário, retrógrado e pró-americano:

> O aliado principal do imperialismo, e portanto, o inimigo principal da esquerda seriam os aspectos "arcaicos" da sociedade brasileira, basicamente o latifúndio, contra o qual deveria erguer-se o "povo", composto por todos aqueles interessados no "progresso" do país. Resultou no plano econômico uma problemática explosiva mas burguesa de "modernização" e "democratização"; mais precisamente, tratava-se da ampliação do mercado interno através da reforma agrária, nos quadros de uma política externa independente. No plano ideológico resultava uma noção de "povo" apologética e sentimentalizável, que abraçava indistintamente as massas trabalhadoras, o lumpezinato, a *intelligentzia*, os magnatas nacionais e o exército (p. 65).

Tal erro de estratégia e de concepção política figura como causa principal do desastre de 64. Mas o processo, não obstante os erros, cria as bases de uma

> nova liga nacionalista de tudo o que é jovem, ativo e moderno (...) que seria o público dos primeiros anos da ditadura e o solo em que deitaria fruto a crítica aos compromissos da fase anterior (p. 67).

É dentro de tais condições que se mantém aquilo que Schwarz chama de "relativa hegemonia cultural de esquerda", uma hegemonia restrita, localizada:

> O seu domínio, salvo engano, concentra-se nos grupos diretamente ligados à produção ideológica, tais como estudantes, artistas, jornalistas, parte dos sociólogos e economistas, a parte raciocinante do clero, etc. – mas daí não sai, nem pode sair, por razões policiais (p. 62).

Este é o contexto muito particular em que se produziram *Zumbi* e *Tiradentes*, o de uma criação ilhada, brilhante, mas condenada a circular em redutos fechados. Não obstante, ela teria tido um papel social nada desprezível, enquanto formadora, "no interior da pequena burguesia, de uma geração maciçamente anticapitalista" (p. 63).

Criações de um pensamento de esquerda que se desenvolve em condições muito especiais, *Zumbi* e *Tiradentes* são também produtos da maturidade de um grupo de teatro com características não menos especiais e de dois autores cujas experiências marcam de forma definitiva o teatro brasileiro. Os musicais não são um ponto qualquer na trajetória do Arena ou na dramaturgia de Augusto Boal e Gianfrancesco Guarnieri, mas sim um momento em que se rearticulam diversas experiências. A eles se incorpora muito do que foram as grandes realizações do Arena e muito, ainda, da tessitura que as vai fundindo a um universo mais amplo. Por isso, antes de chegar à análise de *Arena Conta Zumbi* e *Arena Conta Tiradentes*, teremos que contar uma outra história: a do Teatro de Arena de São Paulo.

Parte 2. O TEATRO DE ARENA: UM RETROSPECTO

O presente é tão grande, não nos afastemos
Não nos afastemos muito, vamos de mãos dadas.

CARLOS DRUMMOND DE ANDRADE

1. Das Origens a *Eles não Usam Black-tie* (1951/1958)

A grande projeção do Teatro de Arena de São Paulo ocorre a partir de fins da década de cinqüenta, quando sua atuação se faz decisiva para completar e redimensionar o processo de renovação do teatro brasileiro, iniciado na década de quarenta.

Teatro do Estudante, de Paschoal Carlos Magno, Os Comediantes, de Brutus Pedreira e Santa Rosa, no Rio de Janeiro; Grupo Universitário de Teatro, fundado por Décio de Almeida Prado, Grupo de Teatro Experimental, de Alfredo Mesquita, embrião da Escola de Arte Dramática, em São Paulo; teatro de Amadores de Pernambuco, encabeçado por Waldemar de Oliveira, são equipes atuantes na década de quarenta e de cujas atividades ficou a herança, entre outras, da valorização do espetáculo como uma totalidade, prática que o TBC (Teatro Brasileiro de Comédia), criado em 1948, irá desenvolver ao máximo em termos profissionais.

Ativa-se o movimento teatral, com seu eixo agora transferido para São Paulo, em torno das montagens do TBC. Um público crescente punha-se a par das grandes conquistas da dramaturgia e da arte de encenação internacionais. Faltava, porém, o estímulo ao amadurecimento de uma literatura dramática nacional capaz de conferir qualidade artística a temas, gêneros e estilos mais próximos de um gosto brasileiro, de um imaginário já fixado por nossa literatura.

A esta carência veio atender o Teatro de Arena quando a bem-sucedida montagem de *Eles Não Usam Black-Tie*, primeira peça de Guarnieri, traz a centelha que faltava e aponta rumos para uma dramaturgia que permitiu o enraizamento definitivo do autor nacional.

O porquê de esta revolução se operar no Arena é o resultado de uma história que começa em 1951, quando professores e alunos da Escola de Arte Dramática de São Paulo têm sua atenção despertada para experiências realizadas, nos Estados Unidos, por Margo Jones[1] na utilização do palco circular, a arena, uma novidade que é, segundo a autora, ao mesmo tempo a mais antiga forma de teatro conhecida pelo gênero humano.

As possibilidades estéticas, mas sobretudo as vantagens econômicas da técnica, convencem aquele grupo da EAD a experimentá-la. O trabalho de Margo Jones causou grande interesse porque partia de um problema que também entre nós (e agudamente) se colocava: encontrar meios materiais para fazer teatro. E teatro em arena parecia responder a questões muito práticas. Exigindo inversão mínima de capital, tornava viável a multiplicação das casas de espetáculo e oferecia assim a possibilidade de expansão do teatro brasileiro. Para os estudantes da EAD vinha prometer aberturas em um mercado de trabalho restrito, saturado.

Em julho de 1951, no I Congresso Brasileiro de Teatro, realizado no Rio de Janeiro, Décio de Almeida Prado, Renato José Pécora[2] e Geraldo Mateus (o primeiro, crítico de teatro e professor da EAD; os dois últimos, alunos) apresentam uma tese cujo título já é revelador da preocupação que a informa: "O Teatro de Arena Como Solução Para a Falta de Casas de Espetáculos no Brasil"[3]. Era a exposição teórica de algo que já se provara na prática.

A primeira tentativa, na EAD, se fizera em um retângulo de aproximadamente 12 m^2, no mesmo nível da platéia, sendo os resultados tão satisfatórios que a seguir, em abril de 1951, levou-se novo espetáculo, desta vez no Museu de Arte Moderna, para cerca de quatrocentas pessoas, alcançando, segundo os participantes, integral transmissão do texto e total compreensão da platéia.

Ainda naquele ano, durante excursão da EAD ao Nordeste, o grupo improvisa uma arena no palco do Teatro Santa Isabel,

---

1. M. JONES, (experiências descritas em) *Theatre-in-the-round*, N. York and Toronto, Rinehart and Company, Inc., 1951.

2. Renato José Pécora, como então assinava, é o mesmo José Renato, que estará depois à frente do Teatro de Arena de São Paulo.

3. A tese vem reproduzida em *Anhembi*, ano I, n. 10, 1951, p. 143.

no Recife, e conquista ali um grande incetivador, Hermilo Borba Filho.

Desde as primeiras apresentações, os críticos, cronistas e pioneiros da nova técnica destacam que a encenação em arena introduzia uma nova relação palco/platéia, estabelecendo maior intimidade entre a cena e o espectador, mantendo entre eles uma corrente contínua.

Se isso representava uma vantagem, a nova técnica colocava também dificuldades para a ação dos atores e da direção: a ausência de paredes e a proximidade do público exigem marcação, maquiagem, interpretação muito diversas daquilo que se poderia ter em palco italiano. A abolição de cenários e cortinas imporá novas funções para os efeitos de som e iluminação.

Ao comentar a apresentação realizada no MAM, o cronista de *Anhembi* observa que

a técnica de representação no teatro de arena aproxima-se, em certo sentido, da técnica cinematográfica – é necessária uma diminuição da intensidade dramática em relação ao teatro de palco, uma limitação dos gestos, uma redução do volume de voz[4].

Enfrentar essas questões não foi tarefa fácil para o nosso primeiro diretor de teatro em arena, José Renato, o qual, inclusive, assumia a aventura sem jamais ter assistido a qualquer espetáculo do gênero. A julgar pela crítica (embora ela se mostre benevolente por se tratar de experiência pioneira e realizada por grupo não profissional), o jovem diretor saiu-se relativamente bem e bastante incentivado a prosseguir seu trabalho. Assim é que, em 1953, tendo terminado o curso na EAD, ele parte para a criação da Companhia de Teatro de Arena, o nosso primeiro conjunto profissional a dedicar-se à nova forma de representação.

Constituem a Companhia, inicialmente, José Renato, Sérgio Sampaio, Emílio Fontana (este ainda estudante de arte dramática na EAD) e Geraldo Mateus que, se não integra oficialmente a sociedade, desempenha junto a ela funções de diretor administrativo e de porta-voz perante a imprensa.

O primeiro elenco do Teatro de Arena inclui Léa Camargo, Moná Delacy, Renata Blaustein, Wanda Primo, Guilherme Correa, Henrique Becker, John Herbert, Sérgio Brito e Xandó Batista.

Estréiam a 11 de abril de 1953, no Museu de Arte Moderna, com *Esta Noite é Nossa*, comédia de Stafford Dickens. No mesmo ano e ainda no MAM, montam *O Demorado Adeus*, de

4. *Anhembi*, ano I, n. 10, set. 1951, p. 134.

Tennesse Willians e *Judas em Sábado de Aleluia*, de Martins Pena. Em 1954, com o elenco enriquecido por Eva Wilma (se não seu desempenho, pelo menos sua beleza desperta atenções), encenam *Uma Mulher e Três Palhaços*, de Marcel Achard, sua realização mais elogiada.

Até 1955, a Companhia de Teatro de Arena continuaria apresentando-se no MAM, em clubes, eventualmente em fábricas, em qualquer lugar que lhe oferecesse espaço onde colocar os refletores, montar a caixinha de luz e concentrar a boa vontade de toda equipe – a nova técnica permitia uma agilidade sem precedentes.

A crítica mostra-se agora, diante de um grupo profissional, bem mais exigente. Censura o tom amadorístico da primeiras montagens, registra as dificuldades de adaptação à arena. Pouco à vontade com a abolição das paredes, a Companhia procura convencionar cenários que atuem como substitutivos das paredes suprimidas: "a gente tinha pudores de se lançar na empreitada de peito aberto", conta-nos José Renato.

> Então a gente se valeu de alguns recursos. Por exemplo, penduramos entre o público e os intérpretes vãos de janela, vãos de porta e havia uma separação, como que um quarto sendo rodeado pelo público[5].

A cena volta-se para dentro, para si mesma, e os atores se isolam da platéia como que por paredes de vidro, numa encenação que se assemelha a movimentos dentro de um grande aquário.

Preocupações com renovação de repertório não acompanham a opção pela nova forma. É interessante rever a esse respeito, as palavras "barbudas" de Miroel Silveira, quando da estréia de *Esta Noite é Nossa*:

> *Esta Noite é Nossa*, de Stafford Dickens, em tradução de Ester Mesquita e de José Renato, foi o texto escolhido para a apresentação do novo conjunto profissional. Apenas cinco personagens: dois casais e um mordomo. Um mordomo como os ingleses gostavam de acreditar que realmente existia: discreto, elegante, perfeito. Os dois casais igualmente elegantes, discretos, porém não tão perfeitos. Susana, que é casada com George se enamora de Max, que é casado com Helena, que se enamora de George. A velha quadrilha das peças "boulevardières" francesas, agora representada com mais uma pitada, a do cinismo anglo-saxão. Há uma troca de posições, embora continuem existindo dois casais. George fica com Helena e Max com Susana. Ah!... mas existe o mordomo! E o mordomo para efeito de reconciliar o público com as aparências da moral, faz com que tudo retorne ao ponto de partida (...). Afinal, que vem ser "mocidade", que vem a ser "renovação"? Será a que se inicia com os olhos postos apenas na bilheteria, temerosa de correr riscos e fracassos financeiros? Deverá o teatro de arena servir apenas de nova capa para

---

5. J. RENATO. Entrevista concedida à A., em São Paulo, Teatro Paiol, maio 1975.

velhas fórmulas? Não existirá no repertório mundial algo que seja agradável ao grande público, mas que possua ao mesmo tempo qualquer coisa de mais sadio e de mais construtivo?[6]

De Stafford Dickens a Tennessee Willians ou Martins Pena, o repertório do grupo não se destaca da linha habitual em nosso teatro, naquele período: comédias leves que garantam a bilheteria (a sobrevivência, afinal, é difícil) e, para satisfazer, vez por outra, uma parcela de público mais exigente, peças de pretensão genericamente cultural, aproveitando parte do repertório desenvolvido por Alfredo Mesquita na EAD. O grupo mostra-se muito preso ao já aprendido, sem ensaiar rumos próprios.

O que não lhe falta, porém, é tenacidade na perseguição dos objetivos e empenha-se no sentido de oferecer uma nova casa de espetáculos à cidade que, em 1953, com mais de dois milhões de habitantes, conta com pouquíssimos teatros: o Municipal, de uso extremamente restrito, o Teatro Santana, permanentemente ocupado pelos grupos itinerantes, o Colombo e o São Paulo, sobrecarregados pelas atividades da Secretaria de Educação e Cultura, o Teatro Cultura Artística, que cobrava aluguéis altíssimos.

Nessa época são criados teatrinhos distritais, na periferia. Mas, se nem hoje os teatros mais distantes do centro dão muito futuro a qualquer espetáculo, na ocasião eram tomados como "coisa sem sentido".

A única solução para o Arena, principalmente pela especificidade da forma, era levar até o fim a prova, o que se consegue em 1955 com a abertura da casa da rua Teodoro Bayma.

Segundo José Renato[7], as condições para a consecução da sede própria surgem a partir da repercussão de um espetáculo que apresentam, em 1954, no Palácio do Catete, a convite do Presidente Café Filho. Aparecem então pessoas interessadas (José Renato não especifica quais) em auxiliar financeiramente o grupo e em planejar as primeiras medidas que permitissem a manutenção da sede permanente.

A instalação do teatro exigiu, para adaptação da loja, o gasto de Cr$ 250.000,00, o que foi considerado uma quantia modesta. Para garantir a renda inicial, constituiu-se a Sociedade de Teatro de Arena, com sistema semelhante a um clube: pagava-se uma jóia de Cr$ 350,00 e mensalidades de Cr$ 40,00. Assegurou-se com isso aos associados um lugar pa-

6. M. SILVEIRA. "O Teatro de Arena", in *A Outra Crítica*, São Paulo, Edições Símbolo, 1976, p. 69.

ra todas as estréias e o direito de participar de uma arriscada aventura: o teatro brasileiro. O Arena chegou a ter 400 sócios.

Não se observam ainda nessa época mudanças substanciais, quer no estilo de representação, quer no teor dos espetáculos. Sua maior ousadia, por se tratar de um teatro ainda não enraizado nos hábitos da platéia paulistana, foi montar, no primeiro ano de existência, uma peça de José Renato, *Escrever sobre Mulheres*, e, agora num vôo mais alto, iniciar um bem sucedido festival Pirandello.

Mas, de modo geral, a escolha dos textos segue, até 1958, a mesma linha. E é muito mais pelo repertório do que por qualquer outro aspecto que se costuma chamar o Arena, em sua fase inicial, de "TBC pobre". Como admite José Renato, "inovamos na forma do espetáculo, mas o conteúdo continuava o mesmo. O repertório era, no fundo, o mesmo que poderia ter sido feito pelo TBC"[8].

Há razões, entretanto, para se afirmar que o Teatro de Arena, ainda assim, já então não se confundia com o TBC. Na opinião de Oduvaldo Vianna Filho,

o Teatro de Arena apareceu com outro jeito desde o início. Começou como o "simpático" teatrinho da rua Teodoro Bayma. Essa "simpatia" era expressão de seu esforço, de sua característica insólita dentro do panorama empresarial de teatro. Mesmo sem uma linha cultural definida, o Arena surgia mais adequado às condições econômicas e sociais. Sem poder se apoiar em figuras de cartaz, em cenários bem feitos, em peças estrangeiras de sucesso (o *avaloir* é alto), o Teatro de Arena, mais cedo ou mais tarde, teria que apoiar sua sobrevivência na parcela politizada do público paulista, identificada com aquelas condições econômicas[9].

Em boa parte a opinião de Vianninha pode ser ratificada por uma olhada nos jornais da época. A imagem do Arena veiculada pela imprensa é a da descontração, da novidade, da experiência avançada ou curiosa de um grupo jovem, unido e entusiasta, a imagem do esforço de quem não recusa qualquer tarefa para realizar seus projetos. Há fotos do elenco, não no "glamour" da cena, mas na dureza do trabalho cotidiano, ensaiando (em trajes muito simples), pintando cenários e até de vassoura na mão. A pobreza condiciona uma quebra de rituais que vai além do que possa ter sido premeditado.

A par disso, um dos aspectos mais significativos da atividade do Teatro de Arena foi o de abrir seu espaço para outros

7. J. RENATO. Entrevista citada.
8. J. RENATO. Entrevista citada.
9. O. VIANNA FILHO. "Do Arena ao CPC", *Movimento* (orgão da UNE) n. 6, Editora Universitária, out. 1962.

grupos, especialmente os amadores e, também para manifestações artísticas diversas, como a música e as artes plásticas. Bem cedo, um dos seus caracteres distintivos será o de constituir-se em, mais do que uma Companhia de teatro, um centro cultural da Consolação, do pequeno mundo que não tardará a atuar sobre o Teatro de Arena e a sofrer-lhe a influência, num entrelaçamento de anseios e objetivos talvez nunca atingido, entre nós, por outra realização artística.

O novo teatro com seu jeito "simpático" (entenda-se informal), aliado à sua situação geográfica, vai atrair as atenções da população estudantil, muito concentrada na área. São, *grosso modo*, camadas de classe média que ascendem ao usufruto dos "bens do espírito" nos anos cinquenta, gente que se forma dentro de novos padrões estéticos, de novos hábitos sociais, e cuja presença, na platéia, no palco ou nos bastidores, trama o novo teatro brasileiro.

Será a pobreza do Teatro de Arena responsável, além da quebra de rituais, por fatos que irão selar o futuro da Companhia: a contratação de um novo diretor, jovem, praticamente desconhecido (Augusto Boal) e a inclusão, no elenco da Teodoro Bayma, dos integrantes do TPE, Teatro Paulista do Estudante. Os dois fatos ocorrem em 1956, que é assim, um ano decisivo na história daquele grupo teatral.

Formado por estudantes universitários e secundaristas que aliavam o gosto pelo teatro à atitude política participante, o TPE se impôs como um dos mais destacados e interessantes grupos amadores de São Paulo, sobretudo quando, no II Festival Paulista de Teatro Amador, seu presidente, Gianfrancesco Guarnieri, recebe o Arlequim de melhor ator e é saudado como autêntica revelação.

O grupo freqüenta o Teatro de Arena, mantém contato constante com José Renato e, durante o ano de 1955, ali se apresenta com *Está Lá Fora um Inspetor*, de Priestley.

Entrevistado pela Revista do Teatro Amador, o TPE comenta sua estréia no Teatro de Arena, ocorrida a 30 de maio de 1955. Brincando, Vera Gertel diz que aquela fora uma data histórica[10]. A declaração continha mais verdade do que se poderia então supor – era a data da transfusão de uma nova mentalidade para o teatro brasileiro. Naquele ano, impossibilitado de manter um elenco estável, permanente, para todas as produções, José Renato celebra um convênio com o TPE que, con-

---

10. *Revista do Teatro Amador*, ano I, n. 5, dez. 1955.

servando a princípio sua independência, passa a integrar o elenco do Arena.

Grupo politizado, o TPE tem do teatro uma visão que ultrapassa o simples fazer artístico. Há uma consciência da função social e política da cultura expressa na tese que apresenta, em 1955, no II Congresso Paulista de Teatro Amador:

> Da divulgação de obras de conteúdo nacional, impregnadas de humanismo que faz vibrar os povos; do estudo e divulgação de nossas obras culturais, do aprimoramento do gosto artístico, da representação de obras mestras de outros povos, deve viver o nosso teatro.
>
> Os problemas de cultura não vivem independentemente de problemas políticos e econômicos. Um povo entorpecido é um povo que na sua passividade se entrega à rapina e à escravidão. Um povo entorpecido é o que não ama, não quer, não luta. E a cultura destinada a entorpecer um povo é aquela que se desliga desse mesmo povo, que se desvencilha de seus sentimentos, paixões e aspirações; é a que foge dele, é a que abstraindo-se do humano, deturpa e entorpece[11].

Já estão aqui contidas as preocupações com uma cultura desalienante, uma arte vinculada ao povo e de conteúdo nacional que virão a integrar, enquanto aparato teórico e realização prática, a linha de trabalho pela qual o Arena se distinguiu a partir de 1958.

A intersecção entre as idéias de nacionalização e popularização do teatro desponta nas palavras de Guarnieri, quando, em 1955, fala do projeto que tem o TPE de montar autores nacionais inéditos, o que

> viria não apenas incentivar e apoiar o autor nacional, como também facilitar o aparecimento de temas de sabor mais nacional, e mais popular, mais acessível, portanto, à grande massa popular que vive afastada das realizações teatrais[12].

Considerações semelhantes, ainda que menos precisas, aparecem na apresentação do acordo Arena/TPE, demonstrando a contigüidade de propósitos dos dois grupos contratantes:

> Tendo por objetivo a formação de um amplo movimento teatral de apoio e incentivo ao autor e obras nacionais, visando a formação de um numeroso elenco que permita a montagem simultânea de duas ou mais peças o que permitirá levar o teatro às fábricas, escolas, faculdades, clubes da Capital e do interior do Estado, sem prejuízo do funcionamento normal do Teatro, contribuindo assim para a difusão da arte cênica em meio às mais diversas camadas de nosso povo, esperando auxiliar na divulgação teórica dos problemas do teatro, através de conferências, debates, cursos, etc., o Teatro de Arena e o Teatro Paulista do Estudante firmaram um acordo (...)[13].

A existência de sólidos objetivos comuns — e objetivos que

---

11. "O Teatro Amador em Defesa de Nossas Tradições Culturais", *Revista do Teatro Amador*, ano I, n. 6, jan. 1955.

12. *Revista do Teatro Amador*, ano I, n. 5, dez. 1955.

13. "Síntese do Acordo Firmado entre o Teatro de Arena e o Teatro Paulista do Estudante", in programa de *Dias Felizes*, Teatro de Arena, jun. 1956.

não se cumprem ou esgotam a curto prazo – garantia a coesão do pessoal do TPE. Disso decorrem sua estabilidade no Teatro de Arena e sua crescente influência nos rumos da Companhia.

O TPE contava também com alguns verdadeiros talentos, cuja escola de teatro será o próprio Arena, fato que veio facilitar o desenvolvimento, naquela casa, de um novo estilo de representação, que se começa a ensaiar com a chegada de Augusto Boal.

Aos vinte e seis anos, esse carioca que abandonara a Química pela teatro, acabava de voltar dos Estados Unidos onde, por dois anos, cursara, na Universidade de Colúmbia, Dramaturgia, Direção e Drama Moderno, tendo sido aluno de John Gassner, Milton Smith e Ernest Brenner. Chega ao Teatro de Arena por indicação de Sábato Magaldi que, por sua vez, o conhecera através de Nelson Rodrigues: Boal fizera suas primeiras tentativas em dramaturgia seguindo os passos do autor de *Vestido de Noiva*.

De sua experiência nos Estados Unidos vem a preferência por um repertório de língua inglesa, com predominância de dramas que envolvem o social e o psicológico. Aquilo, porém, em que sua contribuição foi decisiva, diz respeito às lições da aplicação do método Stanislavski pelo Actors' Studio, um aprendizado do qual resulta, já em sua primeira montagem no Arena (*Ratos e Homens*, de Steinbeck), um aprofundamento na psicologia das personagens e um naturalismo ainda não usual nas montagens brasileiras.

Boal organiza laboratórios de interpretação e com base nos ensinamentos do Actors' Studio procura desenvolver um "estilo brasileiro de representação", diverso dos padrões europeus e de interpretações excessivamente impostadas ainda correntes em nosso teatro.

A presença de Boal é valiosa não só pelos conhecimentos que traz, mas também pela implantação de um novo sistema de trabalho, criando as bases para um funcionamento de equipe que levasse ao máximo o aproveitamento das potencialidades de cada participante.

Em seu artigo para a revista *Movimento*, Vianninha conta que com a chegada de Boal atingiu-se a mobilização de todo o Arena para criar o espetáculo, deixando de haver funções estanques. Todos os atores tiveram acesso à orientação do teatro (orientação comercial, intelectual, publicitária). Todos participaram dos laboratórios de interpretação, estudaram e debateram em conjunto. E foram alcançados resultados surpreendentes como a invenção de um novo tipo de ator (mais popular, diríamos), na pessoa de um Flávio Migliaccio, que até então só fazia pontas e carregava material de contra-regragem[14].

Em que pese a saudável renovação, o Teatro de Arena chega ao fim de 1957 em situação de descalabro financeiro, vendo-se a Companhia na contingência de fechar o teatro. E consta que foi em clima de "réquiem" que se preparou a montagem de *Eles Não Usam Black-Tie*. Em atenção à tese tantas vezes levantada de incentivar os autores nacionais, teriam decidido encerrar as atividades levando um texto nacional e inédito.

> Somente este fato, a encenação desta peça, bastaria, temos a certeza, para considerarmos o nosso objetivo plenamente atingindo, e, do ponto de vista cultural e artístico, a maior contribuição do Teatro de Arena para o desenvolvimento de uma autêntica vocação em nossa terra (...) Na encenação desse espetáculo procuramos colaborar com todo o carinho e esforço para que a peça dê o melhor de si, e nós, dentro de nossas possibilidades atuais, o melhor de nós mesmos. E estamos sendo tão sinceros quanto qualquer das autênticas personagens de *Eles Não Usam Black-Tie*. Em nossa opinião, não poderíamos comemorar de maneira mais honrosa nosso terceiro ano de vida[15].

As palavras de José Renato no programa da peça, cheias de justificativas, podem reiterar a impressão de que o espetáculo é levado sem maiores perspectivas. Mas o fato de o teatro ter sido reformado para abrigar a peça (é, inclusive, nessa ocasião que o Arena foi acarpetado), leva a supor que em algum momento dos preparativos a equipe tenha começado a apostar no texto que escolhera para encerramento de carreira. Mas, deixemos viver a lenda ou a face mais bonita da verdade: o réquiem às avessas. *Eles Não Usam Black-Tie* estréia a 22 de fevereiro de 1958. Fica um ano todo em cartaz, realimenta as finanças do Arena e abre um novo tempo em nosso teatro: a vez do autor nacional.

14. O. VIANNA FILHO. "Do Arena ao CPC", art. cit..

15. J. RENATO. "A propósito de *Eles Não Usam Black-Tie*", Programa do espetáculo, Teatro de Arena de São Paulo, fev. 1955.

2. A Fase Nacional (1958/1961)

Um conflito de natureza político-ideológica é o núcleo da ação em *Eles Não Usam Black-Tie*.

Ambientada no morro, numa favela do Rio, a peça põe em cena uma comunidade operária no momento em que se articula e se leva a termo uma greve reivindicatória por melhores salários.

A greve é motivo que desencadeia uma oposição entre pai e filho, através da qual emerge o tema de *Eles Não Usam Black-Tie*: está em questão a posição de classe e como ela se objetiva nas ações e opções das personagens.

O pai, Otávio, com todo um passado de lutas, líder classista, é um dos cabeças do movimento. Tião, o filho, que fora criado por um padrinho, longe da vivência operária, não tendo por isso assimilado uma visão de mundo própria de sua classe de origem, tende a cair na armadilha da busca de soluções individuais.

Tião trai, fura a greve e com isso acaba obrigado a deixar o morro. Torna-se impossível sua vida junto daquela comunidade à qual ideologicamente não pertence.

O pai o expulsa:"... essa não é casa de fura-greves"[1]. A própria noiva, Maria, que espera um filho de Tião, se recusa a

---

1. G. GUARNIERI. *Eles Não Usam Black-Tie* São Paulo, Editora Brasiliense, 1966, p. 83.

segui-lo. Fora em grande parte a urgência do casamento e o sonho de oferecer uma vida melhor para a mulher e o filho que haviam levado Tião a trair os companheiros. Mas Maria prefere que a criança nasça e viva no morro, pois crescendo ali não vai ter medo, aquele "medo de ser operário", motivo profundo da atitude de Tião.

A peça não termina sem sugerir esperanças de recuperação para este personagem. Diz Otávio: "enxergando melhó a vida ele volta"[2].

Paralelamente ao conflito exposto, Guarnieri retrata as condições de vida no morro, condições duras, mas às quais se contrapõe a vivência solidária na alegria e no enfrentamento dos problemas.

Como observa Décio de Almeida Prado, a perspectiva da peça é a de Tião. Seu drama diante do chamamento à opção é o que apaixonadamente acompanhamos. Com isso, alarga-se o espectro da problemática contida na peça, permitindo que seja encarada como a representação de um problema humano não restrito às condições mostradas. Para o crítico, "o segredo de *Eles Não Usam Black-Tie* é dizer respeito a todos nós, é ter alguma coisa a segredar à consciência de cada espectador"[3].

Eles Não Usam Black-Tie é uma revelação. Texto de estréia de um autor muito jovem (na ocasião Guarnieri está com 23 anos), a crítica aponta-lhe alguns defeitos de construção que ficam esmaecidos diante da dimensão da peça. O texto enfrentará restrições quanto a seu conteúdo no qual se assinala a presença de uma visão romântica da classe operária. Resta, porém, o sortilégio da primeira peça brasileira que põe em cena o proletariado urbano e trata centralmente, de frente, uma questão política.

Das personagens então criadas por Guarnieri, pelo menos uma é inesquecível: Romana, a mãe, na montagem do Arena vivida por Lélia Abramo. Para Décio de Almeida Prado ela é "a figura dramática mais bem desenhada da peça", cujas "observações cruas, francas, desabusadas, sem circunlóquios, mordazes, chamam os homens para a realidade, neutralizam com uma nota levemente ácida, o fácil sentimentalismo em que ameaçam cair tantas cenas"[4]. Para Sábato Magaldi é "uma autêntica mãe, como as generosas figuras do teatro de Brecht"[5].

2. *Id.*, p. 90.
3. DÉCIO DE A. PRADO. "Eles Não Usam Black-Tie (e Gimba)", *Teatro em Progresso*, São Paulo, Livraria Martins Editora, 1964, p. 133.
4. *Id.*, p. 134.
5. S. MAGALDI. *Panorama do Teatro Brasileiro*, SNT, DAC/FUNARTE, MEC, p. 230.

A aura que envolve o sucesso de *Black-Tie* deixa a impressão de que o autor nacional teria surgido, em 1958, do limbo da absoluta inexistência. No entanto, apenas para nos atermos à fase de maior organicidade do movimento teatral, que se inicia em 1948 com a criação do TBC e da Escola de Arte Dramática, veremos que o autor nacional aparecia com relativa freqüência em nossos palcos. Entre os nomes mais relevantes, podemos citar Nélson Rodrigues como o principal autor do período. Abílio Pereira de Almeida tem diversas peças montadas, principalmente pelo TBC, desde 1948. Entre Rio e São Paulo, destacam-se ainda Pedro Bloch, Silveira Sampaio, Henrique Pongetti, Guilherme de Figueiredo, Millor Fernandes.

No mesmo ano em que estréia *Black-Tie*, três peças brasileiras estão em cartaz, em São Paulo, com sucesso. No primeiro lugar da Bolsa de Teatro está *Society em Baby-Doll*, de Henrique Pongetti, levada no Teatro Cultura Artística, com direção de Augusto Boal; o TBC apresenta, de Abílio Pereira de Almeida, *Rua São Luiz, 27, 8º*, dirigida por Alberto D'Aversa; no Teatro Bela Vista leva-se *O Casamento Suspeitoso*, de Ariano Suassuna, o qual já conquistara, no ano anterior, as platéias de Rio e São Paulo, com o *Auto da Compadecida*.

Antes do surgimento de *Eles Não Usam Black-Tie*, pelo menos três peças merecem destaque não só por sua qualidade artística, mas também por conterem uma proposta renovadora. São elas: *Vestido de Noiva*, de Nelson Rodrigues, que corresponde à atualização de nossa dramaturgia com as tendências da literatura moderna internacional e é considerada o marco inaugural da dramaturgia brasileira contemporânea; *A Moratória*, de Jorge Andrade, em 1955, que traz para o teatro o drama da dissolução do mundo patriarcal de São Paulo, à semelhança da literatura de José Lins do Rego, relativa à transformação da sociedade nordestina do engenho açucareiro. Finalmente, o *Auto da Compadecida* de Ariano Suassuna combina a estrutura dos autos vicentinos ou dos milagres medievais com o imaginário popular nordestino veiculado pelo cordel.

Nesse quadro, a criação de Guarnieri seria uma peça a mais se não contivesse valores que a destacassem e fizessem dela o achado que faltava. Guarnieri consegue estabelecer a ponte entre a qualidade artística que o teatro passara a exigir e a comunicação imediata com a platéia, pela abordagem de problemas que lhe estão próximos e a utilização de recursos que facilitam essa aproximação. O autor arrisca-se a avançar por um sentimentalismo que só encontra par na cinematografia italiana do neo-realismo. Rompe a tensão com uma comicidade igualmente ousada. Ambos, porém, emoção e riso, brotam naturalmente dos acontecimentos, sem trair qualquer burilamento. A peça respira espontaneidade e sinceridade tais que o espectador não lhe pode negar sua adesão. Guarnieri chega ao poético sem perder o tom coloquial, através de uma linguagem saborosa que, partindo de personagens populares, integra o vício, o dialeto familiar, a gíria mais recente. A pintura de costumes, tradicionalmente agradável ao público brasileiro, atinge em *Black-Tie* um registro excelente. Em certo sentido pode-se dizer que o Arena retoma, agora sem os seus defeitos, o teatro nacionalista e costumista que tanta popularidade tivera nas décadas de vinte e trinta.

Porém, a grande vantagem de *Eles Não Usam Black-Tie* está em sua oportunidade. Para Sábato Magaldi, a peça se define como "a mais atual do repertório brasileiro, aquela que penetrava a realidade do tempo com maior agudeza"[6].

O sucesso da peça corresponde à captação dos rumos da cultura e do movimento social do país. No limiar da década de sessenta, um processo político-social que parece oferecer bases para uma revolução burguesa, de modo a superar a condição de dependência e subdesenvolvimento do país, informa o predomínio de tendências nacionalistas e, se não radicais, ao menos reformistas. Antes mesmo disso, a arte e as ciências sociais, conforme Octávio Ianni, tendem a "preocupar-se mais direta e profundamente com os problemas básicos da sociedade, a tentar revelar e compreender o homem comum"[7].

Considerando-se, embora, a influência do acaso e da premência econômica, é preciso notar que a escolha do texto responde também a tendências e aspirações já registradas na história do Arena: o incentivo ao novo autor nacional, o projeto de um teatro nacional e popular, a fixação de um estilo brasileiro de representação. É de fato o coroamento de anos de trabalho que, no entanto, nos é entregue em tom de desabafo, de quem presta contas à ousadia que presidira à fundação de um teatro circular e a sonhos que ficavam a meio caminho.

Sábato Magaldi comenta o propósito panfletário contido no título da peça que, segundo ele, "pareceria ingênuo ou de mau gosto não fosse também o nome da letra de samba que serve de fundo aos três atos"[8].

---

6. S. MAGALDI. *op. cit.*, p. 229.

7. O. IANNI, "A Mentalidade do Homem Simples", *Revista da Civilização Brasileira*, n. 18, maio-ago. 1968.

8. S. MAGALDI. *op. cit.*, p. 229.

Na verdade nada atenua o mau gosto, que se pode entender, de outro modo, como a expressão de um novo gosto. O título é apenas a expressão hiperbólica de uma reversão de postura do teatro, o estandarte berrante da cruzada polêmica que será, daqui para a frente, a trajetória do Arena.

> É possível que vejam no título da peça uma tomada de posição. Pois é uma tomada de posição. Numa época de supervalorização do ambiente *high-society*, da exagerada importância dada aos granfinos de *black-tie*, não escondo que é com certo desabafo que dou como título à minha primeira peça *Eles Não Usam Black-Tie*[9].

declara Guarnieri. E, assim como o título, a montagem de sua peça é uma tomada de posição para a qual não existirá retorno.

Seguem-se no Arena os Seminários de Dramaturgia e a montagem de textos nacionais inéditos: *Chapetuba Futebol Clube* e *Bilbao, Via Copacabana*, de Oduvaldo Vianna Filho, *Quarto de Empregada* e *Gente Como a Gente*, de Roberto Freire, *A Farsa da Esposa Perfeita*, de Edy Lima, em 1959; *Fogo Frio*, de Benedito Ruy Barbosa, e *Revolução na América do Sul*, de Augusto Boal, em 1960; *Pintado de Alegre*, de Flávio Migliaccio, e *O Testamento do Cangaceiro*, de Francisco de Assis, em 1961.

A voga do autor nacional espalhou-se e outras casas, inclusive o TBC (a partir de 1960 gerido pela Comissão Estadual de Teatro e dirigido por Flávio Rangel), adotam a política de abrir as portas para a dramaturgia brasileira que desponta.

Gianfrancesco Guarnieri tem, já nos anos seguintes, duas peças montadas fora do Arena: *Gimba*, em 1959, no Teatro Maria Della Costa, e *A Semente*, no TBC, em 1961.

O Teatro de Arena de São Paulo provocara uma revolução no teatro brasileiro. Mais intensa é a revolução por que passa internamente a Companhia a partir do momento em que se instala o Seminário de Dramaturgia e, com ele, a discussão, questionamentos de ordem estética e política, a experimentação.

Augusto Boal, em seu breve histórico da atividade da Companhia, publicado com a edição de *Arena Conta Tiradentes*, entende que o estilo das peças, na fase nacional do Arena, "pouco variava e pouco fugia do fotográfico"[10]. Censuras e autocríticas de participantes do Seminário apontam-lhe um funcionamento restritivo. Basta ler alguns dos depoimentos publicados em *Dionysos*, como o de Zulmira Ribeiro Tavares:

---

9. G. GUARNIERI. "Algumas Palavras Sobre *Eles Não Usam Black-Tie*", Programa do espetáculo, Teatro de Arena de São Paulo, fev. 1958.

10. A. BOAL. "Elogio Fúnebre do Teatro Brasileiro Visto da Perspectiva do Arena" in *Arena Conta Tiradentes*, São Paulo, Livraria Editora Sagarana, 1967.

Do ponto de vista teórico o Seminário de Dramaturgia esteve muito preso às teses do realismo socialista. As relações entre teoria e prática foram nele sempre problemáticas. O procurado "reflexo" da realidade era entendido em sentido estrito, quase documental, e a fuga a isto encarada como um "desvio formalista"[11].

Outro depoente, o diretor José Renato, admite a existência, na ocasião, de preocupações sobretudo conteudísticas: "Naquela época a gente passava um pouco por cima das deficiências estruturais e criticava mais o conteúdo"[12]. É secundado por Milton Gonçalves que afirma serem de natureza política as divergências ocorridas no Seminário e entende que "a preocupação maior era com o que transmitir e não como"[13].

Não obstante, o que se vê no conjunto das produções emergentes do Seminário é uma pluralidade de conteúdos e estilos que vão da farsa sem pretensões políticas, como é o caso de *A Farsa da Esposa Perfeita*, de Edy Lima, ao drama de nítida inspiração marxista, como *Eles Não Usam Black-Tie*.

Na mesma série de depoimentos, Flávio Migliaccio insiste nos aspectos que mostram, no Seminário, abertura e preocupação com a linguagem:

> O tempo foi muito curto para se definir alguma coisa. No entanto, discutiu-se e se levantou muito problema e principalmente discutiu-se e analisou-se muito método: o Kabuki, a Commedia Dell'Arte, Shakespeare, Brecht, Piscator, Circo, tudo enfim[14].

Vivia-se uma fase de pesquisa, de busca de soluções dramáticas, de definições estéticas e políticas, ainda que mais comprometidas com preocupações conteudísticas do que seria desejável para a plena expansão de potencialidades. O leque de opções não é muito amplo, mas em seu interior há mais variação do que unicidade.

Restringindo-nos aos integrantes do Teatro de Arena cuja dramaturgia teve continuidade, podem-se extrair pelo menos duas tendências diversas e, para alguns, até opostas.

De um lado, Guarnieri e Oduvaldo Vianna Filho dedicam-se ao drama realista que busca a expressão do social e do político através do desenvolvimento de uma situação concreta, particular, recusando o abstrato, o alegórico, o generalizante, o fragmentário. Seu estilo, embora nenhum dos dois apresente qualquer profissão de fé teórica, parece aproximar-se dos câ-

---

11. C. GUIMARÃES. "Seminário de Dramaturgia: Uma Avaliação 17 Anos Depois", *Dionysos* n. 24, MEC/DAC-FUNARTE/SNT, out. 1978, pp. 64 a 82.
12. *Dionysos*, número citado, p. 76.
13. *Id.*, p. 77.
14. *Id.*, p. 65.

nones mais ortodoxos de uma estética de esquerda, fundamentada sobretudo no pensamento lukacsiano.

Do outro lado estão Boal e Francisco de Assis, autores de farsas nas quais, em meio a outras soluções, destaca-se a influência de Brecht. Lembremo-nos de que o dramaturgo alemão falece em 1956 e nos anos seguintes sua obra é objeto de intensa divulgação. Data de 1958 a primeira montagem profissional de uma peça de Brecht em nosso teatro, *A Alma Boa de Setsuan*, pelo Teatro Maria Della Costa.

Esta peça, aliás, será fonte de inspiração talvez demasiadamente direta para Chico de Assis, como observa Décio de Almeida Prado ao criticar *O Testamento do Cangaceiro*:

> Ambas as peças desejam provar que a prática do bem, em escala individual, é incompatível com o sistema de competição capitalista. Cearim, como Chen Tê, tenta ser bom, com os piores resultados. Depois, como Chuí Tá, experimenta ser mau. Alguns êxitos materiais não lhe mitigam a sede de justiça. A intervenção divina é invocada, nos dois casos, e falha: os deuses da antiga China, como os anjos-da-guarda e os diabos nordestinos, estão longe demais, alheios demais, para poderem ajudar efetivamente os homens. O mais que fazem é exortá-los com belas canções ou belas palavras: fé! esperança! caridade! O homem está só sobre a terra – eis o que nos diz em essência tanto uma como outra peça. A conclusão é óbvia: tratemos de organizar por aqui mesmo o nosso imperfeito paraíso. Quanto aos meios, a platéia que os adivinhe[15].

Não que a peça de Chico de Assis seja necessariamente brechtiana, ao contrário:

> Apesar de tais coincidências [continua o crítico] não diríamos que a peça é brechtiana. As intenções e os fins são semelhantes e é mesmo possível que a fábula alemã haja fornecido à brasileira o seu inconsciente ponto de partida. Mas a obra de arte define-se pelos meios, pela formas concretas de expressão. E nesse ponto a farsa nordestina de Francisco de Assis difere da alegoria chinesa de Brecht como um brasileiro pode diferir de um berlinense. *A Alma Boa de Setsuan*, sendo visceralmente marxista, ataca logo o ponto essencial: os meios de produção. E não é por acaso que se coloca uma de suas cenas capitais numa fábrica, uma pequena fábrica que é também o começo de toda uma determinada organização econômica e social. As implicações políticas, quando chegam, não surpreendem porque, sub-repticiamente, já se haviam incorporado ao texto, desde o princípio. *O Testamento do Cangaceiro* encara de maneira inteiramente diversa as relações humanas, num plano individual, em que a injustiça aparece sob a forma do logro, do engano, reparável pelo embuste oposto, pela contra-espertaza. Não se prova assim que a sociedade esteja organizada em moldes errados: prova-se, somente, que os ladinos aproveitam-se dos bobos. Daí um certo mal-estar provocado pela prédica política final, feita a propósito de personagens – os camponeses – que só aparecem na história como pretexto político: sentimos uma quebra de tom, uma falta de respeito pelas regras do gênero, como se de repente Pedro Malazartes se pusesse a discursar sobre "mais-valia" e a exploração do homem pelo homem[16].

As lições brechtianas tiveram melhor destino nas mãos de Augusto Boal. Sua *Revolução na América do Sul* ousa afastar-

---

15. DÉCIO DE A. PRADO. "O Testamento do Cangaceiro", in *Teatro em Progresso*, p. 210.
16. DÉCIO DE A. PRADO. *op. cit.*, pp. 210-211.d2

se de todo realismo convencional. Se o título da peça é irônico e se trata exatamente de práticas anti-revolucionárias, sua montagem representará autêntica revolução formal cuja consolidação irá se dar em *Zumbi* e *Tiradentes*, com a proposta de uma nova estrutura para os espetáculos.

Revolução é um musical de comicidade contagiante, mas anárquico e demolidor, violenta sátira da democracia populista, estruturada numa seqüência de episódios que podem ser encenados separadamente. Um deles, em que o Anjo da Guarda das multinacionais exige o pagamento de *royalties* por tudo que o personagem use, da eletricidade à sola dos sapatos, será futuramente muito utilizado pelos grupos de cultura popular. As cenas alinhavam-se pela trajetória de um personagem, Zé da Silva, o povo, que sofre extorsões da parte do imperialismo e acaba morrendo sem atingir a consciência do que é que o destrói. Como nos previne o prólogo, esta é a história de "um homem que morreu sem conhecer o inimigo"[17].

Sábato Magaldi encontra na peça ecos do espírito da comédia aristofanesca, tanto na crítica demolidora quanto "no próprio esquema da fatura teatral que procede por hipérbole e abstração"[18]. O crítico destaca as marcas brechtianas da peça:

> A técnica incide no procedimento épico. Recorda-se Mãe Coragem, andando sem parar em busca da sobrevivência. É esse o itinerário do protagonista: vai sucessivamente aos mais diversos lugares, à procura do almoço. Outra proximidade do texto com a teoria brechtiana está no didatismo das canções finais das várias cenas, embora ele se mostre mais um "suplemento do espetáculo" do que propriamente uma exigência orgânica do original[19].

Podem ser arrolados ainda como recursos colhidos em Brecht o uso dos títulos indicadores da situação a ser apresentada e o próprio procedimento hiperbólico de que resulta sentimento do absurdo.

Ressaltemos aspectos que ressurgirão em *Zumbi*: o tom épico, o caráter anárquico da peça que, segundo Sábato Magaldi, parece, em certos momentos, em vias de desfazer-se no caos.

Muito desse aspecto caótico decorre daquilo que Delmiro Gonçalves entende ser a grande qualidade da peça:

> pela primeira vez, em nosso teatro, todas as formas e técnicas foram usadas descaradamente e sem medo (digamos assim) para atingir a um efeito desejado: circo,

---

17. A. BOAL. *Revolução na América do Sul*, São Paulo, Massao Ohno Editora, s/d.
18. S. MAGALDI. *Panorama do Teatro Brasileiro*, p. 251.
19. *Id. ib.*.

revista, canções, chanchada, farsa, com um despudor, uma entrega total que nos faz vislumbrar caminhos até agora impensados e que ansiávamos ver empregadas em nosso teatro, para uma nova procura, para uma revisão necessária e total[20].

A mistura de gêneros e estilos também reaparecerá nos musicais, juntamente com a estrutura que não dispensa um prólogo e, ao final, uma exortação.

Tanto na peça de Francisco de Assis como na de Boal, embora esta seja muito melhor realizada, percebe-se movimento contrário ao da dramaturgia de Guarnieri e Vianninha. Ao invés de partir-se da situação concreta, toma-se uma idéia política geral e a fábula é concebida como veículo para explicitá-la. Distinguem-nas também o estilo teatralista que não pretende em nada imitar o real, mas operar uma deformação expressiva.

O que, em meio à diversidade, unifica as peças emergentes do Seminário é a preocupação de revelar artisticamente aspectos da realidade brasileira, particularmente aqueles relacionados aos problemas e às tradições culturais das classes menos favorecidas.

Essa linha de espetáculos adotada pelo Arena a partir de 1958 insere-se em uma estratégia para atingir um alvo ambicioso. A atividade intensa do grupo não se limita desde então, à criação de uma dramaturgia e de uma forma de representar, mas se estende à elaboração de todo um projeto para o teatro brasileiro.

Concebe-se um caminho que, se não é totalmente claro, nem se apresenta com a mesma feição para todos os envolvidos, tem alguns parâmetros definidos e se propõe como objetivo a consecução de um teatro popular.

A meta em si não era novidade. Uma vez atingida a maturidade artística, colocava-se para o nosso teatro a necessidade de expandir sua ação, atingindo camadas sociais mas amplas. A idéia, porém, era muito mais a de uma popularização do teatro que já se fazia, através de um aumento quantitativo das platéias, do que a de se conceber um novo teatro para um novo público.

No fim dos anos cinqüenta, esta segunda perspectiva começa a se fazer presente. Inspirado em experiências internacionais como a de Jean Vilar frente ao Teatro Nacional Popular, na França, Sábato Magaldi propõe um teatro que vá ao encontro de um público popular, exibindo-se ao ar livre, nos

20. D. GONÇALVES. "A Peça de Teatro de Arena", *O Estado de São Paulo*, 28.09.1961.

bairros, nas fábricas, nas associações, e leve um repertório "vital, vigoroso, escolhido entre os grandes textos da história do teatro"[21].

O artigo vinha definir proposta lançada em texto anterior, no qual, após analisar a situação do teatro paulista, o crítico concluía: "O teatro para poucos espectadores melhor dotados financeiramente está definido. Façamos agora um teatro popular"[22].

O Teatro de Arena também se preocupa com a ampliação das platéias, mas já sob outra ótica.

Em 1959, ao analisar o desenvolvimento do teatro paulista, Augusto Boal considera a existência de um salto qualitativo relacionado ao crescimento do público. O TBC, entende ele, em que pese sua importância, era um teatro alienado, surgido de uma sociedade economicamente alienada. Resposta às exigências de uma São Paulo tornada cosmopolita pelo desenvolvimento industrial, foi fundado por uma elite financeira que "aliada a intelectuais jovens e estudiosos, desejava criar no Brasil um teatro que se assemelhasse e procurasse igualar os padrões estéticos então em vigor nas grandes capitais"[23].

Proporcionando um "contemplativo prazer estético", o TBC "veio satisfazer a platéia para a qual fora criado, platéia que enfeitava as noites de gala que marcavam cada estréia". Porém, esse teatro não se fazia apenas para a alta burguesia. Penetrou também em "camadas burguesas inferiores", que, se por um lado "submeteram-se aos critérios estéticos impostos, em parte começaram a reclamar um teatro mais autêntico".

Segundo Boal, essa platéia amorfa, a rigor apenas classe média, é o público de que se dispõe em 1959 e para o qual se oferece o teatro autenticamente brasileiro. E Boal não tem ilusões quanto a um tal público que quer acima de tudo diversão:

> Qualquer peça contendo riso e lágrimas será fatalmente consagrada na bilheteria. Mas para que o espectador ria e chore, foi necessário abolir as formas alienadas e procurar maior autenticidade, ainda que meramente superficial. Contudo, a sua exigência de autenticidade, embora facilmente saciável, produz a necessidade da determinação de uma temática mais objetiva, socialmente atuante, que essa platéia não pode fornecer.

21. S. MAGALDI. "Noção de Teatro Popular", Suplemento Literário de *O Estado de São Paulo*, 09.02.1957.
22. S. MAGALDI. "Por um Teatro Popular", Suplemento Literário de *O Estado de São Paulo*, 02.02.1957.
23. A. BOAL. "Tentativa de Análise do Desenvolvimento do Teatro Brasileiro", in *Cadernos do Oficina*, São Paulo, Massao Ohno Editora, ago. 1961. Reprodução de texto publicado em 1959, por ocasião do lançamento de *Chapetuba F. C.*, no Rio de Janeiro.

Ao procurar a autenticidade vai-se abrindo espaço para a criação de um teatro brasileiro que "conseguirá penetrar em classes sociais mais vivas como já tem feito em escala apenas experimental".

Boal não pensa em criar um teatro especial para outras camadas sociais, mas vê o surgimento de uma nova arte como resultado da incorporação de uma platéia operária "que trará uma riqueza maior de idéias, impossíveis de serem solicitadas pela platéia burguesa". A ampliação do público parece-lhe inevitável e dela decorreria, naturalmente, a transformação do teatro: o TBC fora suplantado pela própria ampliação de sua platéia; também o teatro que o Arena faz, um "teatro simplesmente brasileiro", alimentará o crescimento de um público que virá a negá-lo, "impondo sua própria temática e sua própria forma"[24].

Também Guarnieri vê o teatro popular como uma perspectiva colocada em um ponto no futuro, mas prevê meios que apressem a concretização de tal meta:

> O ideal de um teatro popular precisa ainda ser conquistado. Essa conquista deverá ser feita no terreno político. Na presente conjuntura teatro para o povo depende de inúmeros fatores, de inúmeras reivindicações populares ainda não atendidas. O povo necessita de teatro muito menos do que de hospitais, escolas, bibliotecas, alimentos, habitação. O teatro poderá servir a essas conquistas e por sua vez transformar-se numa conquista popular[25].

Pela primeira vez se coloca claramente a exigência de uma função política para o teatro — uma arte a serviço das conquistas mais imediatas e se prescreve um caminho para a nova dramaturgia:

> Não vejo outro caminho para uma dramaturgia voltada para os problemas de nossa gente, refletindo uma realidade objetiva do que uma definição clara ao lado do proletariado, das massas exploradas (...), o único caminho será aberto pela análise dialético-marxista dos fenômenos, partindo do materialismo filosófico. Não há meios de fugirmos a uma definição político-ideológica se quisermos realmente, como artistas, expressar com exatidão o meio em que vivemos (p. 124).

Ambos, Boal e Guarnieri, reconhecem que o processo de criação de um teatro popular é ainda incipiente. O primeiro acredita que as experiências de teatro político de que então se cogita sejam meio de acelerar o processo. Não prevê, no entanto, nenhuma limitação de linha, de temas ou estilos para o teatro que se faz no presente.

Guarnieri tem uma visão mais definida (ou restritiva) do que fazer enquanto o sonho de um teatro para as grandes massas não se realiza:

---

24. Os trechos entre as aspas são do texto citado de Augusto Boal.
25. G. GUARNIERI. "O Teatro como Expressão da Realidade Nacional",

Nós autores jovens, determinados a criar uma nova dramaturgia, uma dramaturgia popular, não podemos ficar a tecer considerações sobre os males de um teatro de público tão restrito. Devemos continuar em nossa obra a fazer um teatro de temas populares, cantando as possibilidades, conquistas e lutas de nosso povo, impondo uma cultura popular, demonstrando à minoria que vai a teatro o que ela ignora, não perdendo oportunidades de uma vez ou outra realizarmos espetáculos para as grandes massas e, na prática, através de uma luta política, batalharmos pelas reivindicações mais sentidas de nosso povo, colocando entre elas o teatro (p. 126).

Somadas, as declarações de Boal e Guarnieri conferem à linha de espetáculos levada pelo Arena o caráter de opção tática. O nacional seria um estágio para que se viesse a atingir o popular.

A afirmação de um teatro nacional não serve apenas a objetivos cuja consecução não será imediata. O Arena tem consciência de que a linha adotada vem atender a uma necessidade histórica do momento presente:

Não se trata, diz Boal, de um caminho alvitrado, mas do único necessário à evolução do nosso teatro. Tem bases teóricas e liga-se ao desenvolvimento do nacionalismo político[26].

Perpassa toda a atividade do Arena, naquele período, a ânsia de, tomando as palavras de Vianninha, "participar decisivamente, ao lado de tantas organizações, no processo da consciência renovadora que desperta e se instala"[27].

Enquanto se escreve sobre a realidade brasileira, enquanto se discute uma nova dramaturgia e uma nova estratégia para o teatro, vai-se tentando responder a questões como aquelas formuladas por Boal em 1959:

Já passou o tempo em que as diretrizes artísticas de um elenco podiam-se fundamentar na disposição de fazer "bom teatro". Este é um conceito demasiado vago e eclético. Fazer "bom teatro" para que e para quem?[28]

Revista Brasiliense, n. 25, São Paulo, Editora Brasiliense, set.-out. 1959, p. 126. Nas próximas citações do mesmo texto indicaremos a página entre parênteses.

26. A. BOAL. "Gente Como a Gente", Programa do espetáculo, Teatro de Arena de São Paulo, 1959.

27. O. VIANNA FILHO. "Sobre Chapetuba", Programa de *Chapetuba F. C.*, Teatro de Arena de São Paulo, 1959.

28. A. BOAL. "O Significado", Programa de *A Farsa da Esposa Perfeita*, Teatro de Arena de São Paulo, 1959.

3. A Nacionalização dos Clássicos (1961/1964)

Boa parte dos textos encenados pelo Arena entre 1958 e 1961 foi mal cotada pela crítica. A insistência em montar apenas novos autores nacionais, com a limitação de optar por peças que traduzissem uma perspectiva social, se não política, incorre no acolhimento de textos menores, incipientes.

Não só as montagens, mas ainda o projeto então defendido pelo Arena, enfrentarão objeções. Em 1959, Sábato Magaldi já se manifesta apreensivo diante do que entende como "uma afirmação do nacional pelo nacional", lembrando que "de vez em quando, os regimes ditatoriais se fundamentaram na mística nacionalista". Chama a atenção para a impraticabilidade de um programa sustentado apenas pela dramaturgia brasileira:

não há peças brasileiras suficientes para alimentar as exigências dos elencos (...). O Teatro de Arena, que aderiu francamente ao repertório brasileiro, ensaia textos incompletos até às vésperas da estréia. Às vezes reescrevem-se cenas insatisfatórias uma semana antes do lançamento do espetáculo. Como querer idêntica atitude de outros elencos?

Para o crítico, o nosso teatro precisaria atingir uma autenticidade artística e para se chegar a ela a expressão brasileira seria meio e não fim.

Os arautos do teatro nacionalista [diz ele] partem do princípio segundo o qual o público se identifica com a temática brasileira. Nós acreditamos que estejam omitindo a presença do público no fenômeno do teatro. Com os poucos espectadores que hoje prestigiam as montagens, não pode haver teatro autêntico. Não há autenticidade possível com os altos preços cobrados. Repugna à mentalidade burguesa tudo o que seja verdadeiro e legítimo. Alimenta-se ela do sucedâneo. O público atual de teatro quer o divertimento digestivo ou uma catarse a meias, que lhe faculte ficar em paz com a consciência. Ele merece o qualificativo de alienado e condiciona a alienação do teatro[1].

A questão do público estará colocada no centro da crise que leva ao fracionamento do Arena, em 1961, quando, durante um seminário realizado no Rio de Janeiro, parte da equipe decide ali permanecer e desenvolver um trabalho que possa ir ao encontro de uma platéia popular. Assim, da iniciativa de Oduvaldo Vianna Filho, Francisco de Assis, Flávio Migliaccio, Nelson Xavier, que discutem as limitações empresariais do Teatro de Arena, terá origem o CPC – Centro Popular de Cultura.

No início da década de sessenta, o processo político brasileiro, em parte animado pelos sucessos da revolução cubana, sofre rápida evolução. Os sentimentos anti-imperialistas, as teses de um desenvolvimento independente, as idéias reformistas em geral, ganham espaço. Parece iminente o momento da virada. O sentido de urgência chega ao teatro. Não se podia ficar à espera da ampliação de platéias que, segundo Boal, propiciaria o advento de um teatro popular. Era preciso acelerar o processo, ir em busca dessas platéias, encontrar imediatamente um teatro popular. E no conceito de popular difundido pelo CPC não caberá nada que não seja decididamente político.

Analisando os sentidos que toma modernamente, no Brasil, a expressão "cultura popular", Sebastião Uchoa Leite[2] observa que, até a fase do arranque desenvolvimentista (isto é, até o governo J.K., em 1955), entendia-se por cultura popular a cultura vinda do povo. "Se havia um problema a colocar", diz ele, "era o de distinguir entre os termos 'popular' e 'folclórico'"[3]. A partir desse período, o termo passa a transitar com significados muito diversos, sobretudo pela divulgação empreendida por grupos como o CPC, para os quais cultura popular deixa de ser aquela que vem do povo para ser entendida como um instrumento de conscientização das massas, num sentido, portanto, didático e político.

As concepções de cultura popular relacionadas a tarefas de politização foram desenvolvidas sobretudo pelos dois presidentes do CPC, Carlos Estevam e Ferreira Gullar. O primeiro publica, em 1963, *A Questão da Cultura Popular*[4]. No mesmo

1. S. MAGALDI. "Nacionalismo e Teatro", Suplemento Literário de *O Estado de São Paulo*, 14.11.1959.
2. S. UCHOA LEITE. "Cultura Popular: Esboço de Uma Resenha Crítica", *Revista da Civilização Brasileira*, n. 04, set. 1965, pp. 269-289.
3. *Id.*, p. 272.
4. C. ESTEVAM. *A Questão da Cultura Popular*, Rio de Janeiro, Edições Tempo Brasileiro, 1963.

ano é lançado pela Editora Universitária, ligada à UNE, o livro de Gullar, *Cultura Posta em Questão*[5]. Os conceitos que ambos desenvolvem são muito semelhantes a outros que vimos surgir entre os componentes do Teatro de Arena. Já em 1955 o TPE compreendia a arte como veículo de conscientização[6]. Em 1959, Gianfrancesco Guarnieri coloca a exigência de uma função política para o teatro e de uma definição político-ideológica para o artista que pretenda servir ao ideal de um teatro popular[7]. Muito parecido com este discurso, quer pelo conteúdo, quer pelo tom prescritivo, será o texto de Carlos Estevam.

Assim como amplia concepções, linhas teóricas que já despontavam no Teatro de Arena, o CPC, afinal fundado por ex-integrantes da Companhia, em suas realizações práticas, dará nova dimensão a tendências experimentadas no palco da rua Teodoro Bayma.

Se num primeiro momento o popular assume, na dramaturgia do Arena, a forma de peças que têm o povo como tema e buscam revelar sua forma de vida, denunciando problemas sociais, outra vertente, a de pôr em discussão temas diretamente políticos, aparece em *Revolução na América do Sul*, de Augusto Boal, saudada por Francisco de Assis como revelação de novos caminhos com possibilidades muito largas[8].

A primeira peça levada por aqueles que deixam o Arena em 1961, e a partir da qual se aglutinam os futuros fundadores do CPC, toma exatamente a direção de tratar de grandes temas políticos. Chamou-se *A Mais-Valia Vai Acabar, Seu Edgar* e seu autor é Oduvaldo Vianna Filho.

Outra tendência que também aparece já no Teatro de Arena, através da dramaturgia de Francisco de Assis, é a de aproveitar as próprias criações da cultura popular, transformando-as em veículos da mensagem política. Exemplo, nas atividades do CPC, são os cordéis criados por Ferreira Gullar.

Nem sempre, porém, o CPC toma as criações populares como meras fornecedoras de estruturas para um recheio político. Principalmente em seus últimos tempos fará divulgação de artistas e gêneros populares, sendo responsável, por exemplo, pela revelação do samba de morro.

5. O texto foi reeditado, em 1965, pela Civilização Brasileira.
6. Ver nota 11, cap. 1, Parte 2.
7. Ver nota 25, cap. 2, Parte 2.
8. FRANCISCO DE ASSIS. "Como-é-que-faz-prá-que-fique", Programa de *O Testamento do Cangaceiro*, Teatro de Arena de São Paulo, 1961.

A defesa do artista popular já se integrava à trama de *Eles Não Usam Black-Tie*, sendo o título da peça o mesmo samba que lhe serve de fundo, repondo o tema da autenticidade da vida no morro. De acordo com o enredo, o samba é uma composição do personagem Juvêncio. No final da peça, a música, roubada a seu autor, toca na rádio com nome de outra pessoa. Para compor o samba-tema, o Arena foi buscar um dos mais típicos representantes da música popular de São Paulo: Adoniran Barbosa.

A preocupação de revelar aspectos da realidade brasileira, de mostrar a vida e a luta das classes menos favorecidas, igualmente se mantém nas atividades do CPC, como é o caso dos episódios que integram o filme *Cinco Vezes Favela*.

O Arena, porém, só pudera realizar, por assim dizer, uma amostragem de possibilidades. O CPC, partindo de um nível quase artesanal e, depois, constituindo-se em empresa, tentará fazer com que sua produção cultural atinja as massas. Ainda, atendendo ao clima de urgência que então se criava, vai colocar-se a serviço do imediato, correndo junto aos acontecimentos, do que resultará uma espécie de arte de emergência, fortemente marcada pelo sentido de politização.

De acordo com Carlos Estevam, a verdadeira cultura popular não poderia existir sem propósitos políticos:

A estrutura e a composição da cultura popular são determinadas pela finalidade que constitui a sua própria razão de existir: ela só existe se se comporta como uma força de caráter cultural que age com o objetivo de tornar consciente para as massas o sentido de sua situação histórica. O princípio fundamental da cultura popular é o de admitir como válido tudo o que leva à realização desse objetivo (...). Caem no quadro da cultura popular todas as atividades relativas à formação da consciência política ativa das massas[9].

Fora disso, o máximo que se pode obter é uma cultura desalienada cuja

limitação mais característica está no respeito e na confiança que lhe inspiram as leis intrínsecas ao mundo da cultura. Em nenhum momento da sua luta contra a cultura alienada ela deixa de ser fiel às regras do jogo cultural, entre as quais está o princípio fundamental que considera os valores culturais como bens válidos e desejáveis por si mesmos. Estabelece assim expressa proibição quanto ao uso instrumental da cultura para a obtenção de fins extraculturais[10].

Dedicar-se à arte popular subordinada às finalidades imediatas da luta de classes coloca-se como imperativo decorrente das

próprias perspectivas revolucionárias que agora se apresentam ao homem brasileiro, como decorrência da falência histórica com que se defrontam, no plano nacio-

---

9. C. ESTEVAM. *op. cit.*, p. 30.
10. *Id.*, p. 19.

nal e internacional, as estruturas sócio-econômicas em cujos limites estreitos não podem mais ser atendidas as exigências que em nosso tempo já se tornaram exeqüíveis na prática, e se tornaram, por isso mesmo, tarefas inadiáveis para a consciência[11].

O presidente do CPC aponta para os artistas e intelectuais brasileiros três alternativas: o conformismo, o inconformismo e a atitude revolucionária. A atitude revolucionária está, claro, em assumir as exigências da verdadeira cultura popular.

Na desconfortável condição de "desalienado" e "inconformista" fica o Teatro de Arena. Dele diz Vianninha, em 1962: "O Arena, sem contato com as camadas revolucionárias de nossa sociedade, não chegou a armar um teatro de ação, armou um teatro inconformado"[12].

Como empresa vinculada a compromissos de mercado, à manutenção de uma sede que já por suas dimensões é restrita, o Arena não tem a mobilidade necessária para atirar-se a uma tarefa da extensão pretendida pelos adeptos da nova cultura popular. Contido por seus limites, bombardeado por formulações como as de Carlos Estevam e Vianninha, enfraquecido pelo fracionamento da equipe, o Arena parece acabado, pelo menos enquanto força impulsionadora de novas idéias.

Também, em parte pela perda de tantos colaboradores, é atingido pelo esgotamento da produção de peças nacionais. Não que se verifique carência absoluta de textos. Faltam, porém, obras que sirvam à linha pela qual se optara: o rumo traçado a partir de *Eles Não Usam Black-Tie* gera compromissos com um projeto, um público, uma expectativa, um circuito de idéias, a que é preciso atender.

Em vista dos acontecimentos, o Arena passará, em 1962, por reformulação da Sociedade e do repertório. Além daqueles que foram integrar o CPC, também José Renato, por motivos outros, desliga-se do Teatro, vendendo-o para o grupo que vai então formar a nova Sociedade de Teatro de Arena: Augusto Boal, Gianfrancesco Guarnieri, Juca de Oliveira, Paulo José e Flávio Império. O nome de José Renato continua relacionado à Companhia, na qualidade de diretor honorário. Antes mesmo de sua saída, anuncia-se que as peças a serem encenadas a partir daquele ano serão sempre do repertório popular de qualquer época.

A linha parece aproximar-se daquela seguida pelo Teatro Nacional Popular de Paris, que Sábato Magaldi, desde 1957,

11. C. ESTEVAM. *op. cit.*, p. 82.
12. O. VIANNA FILHO. "Do Arena ao CPC", *Movimento* n. 6, Editora Universitária, out. 1962.

sugeria como modelo para consecução de um teatro popular[13]. Na ocasião, José Renato acabava de voltar de um estágio na França, onde tivera contato com o trabalho de Planchon e Vilar. Em depoimento a Sônia Goldfeder, Guarnieri confirma que a nova fase do Arena se inspirara nas realizações do TNP[14]. A influência, quase certamente, restringe-se tão só a uma inspiração — as marcas próprias do Arena, os influxos da situação histórica vivida, estarão presentes na etapa que se inicia e que ficou conhecida como "nacionalização dos clássicos".

Embora corresponda fundamentalmente ao período compreendido entre 1962 e 1964, a nacionalização dos clássicos, enquanto prática, envolve um espetáculo posterior, *O Inspetor Geral*, de Gogol, feito em 1966. Ainda, duas montagens realizadas no período mencionado fogem à linha dominante: *Os Fuzis da Senhora Carrar*, de Brecht (1962), e *O Filho do Cão*, de Gianfrancesco Guarnieri (1964).

São os seguintes os textos nacionalizados nesta fase: *A Mandrágora*, de Maquiavel (1962), *O Noviço*, de Martins Pena (1963), *O Melhor Juiz, O Rei*, de Lope de Vega (1963), e *O Tartufo*, de Molière (1964). Pode parecer estranho incluir-se uma peça brasileira nesta relação, mas explica-se: a chamada "nacionalização" consiste em reinterpretar os textos da dramaturgia de qualquer época e país em função do "aqui" e "agora", do momento histórico presente, daquilo que se supunha serem os rumos políticos do Brasil no início da década de sessenta.

No processo de nacionalização, os originais sofrem adaptações que vão do acentuar-se algum aspecto à alteração definitiva de parte do texto. Não se trata de modernizações, de adaptações de superfície. A reinterpretação é profunda, beirando, às vezes, uma reelaboração da peça.

A montagem de *A Mandrágora* está entre as que mantêm maior fidelidade ao texto e ao autor. Conforme declara Boal no programa do espetáculo, optou-se por acentuar os valores afirmados por Maquiavel:

acreditou-se obter melhor resultado endossando esses valores, afirmando-os com toda a sinceridade, como se fossem nossos. Esperamos que a própria platéia se encarregue de descobrir o que eles têm de absurdo. Se não descobrir e se fizer suas as palavras do Frade, então este mundo não tem conserto[15].

13. S. MAGALDI. "Noção de Teatro Popular", Suplemento Cultural de *O Estado de São Paulo*, 09.02.1957.

14. Cf. S. GOLDFEDER. *Teatro de Arena e Teatro Oficina: O Político e o Revolucionário*, dissertação de mestrado defendida no Conjunto de Política do Departamento de Ciências Sociais do IFCH, UNICAMP, set. 1977.

15. A. BOAL. Programa de *A Mandrágora*, Teatro de Arena de São Paulo, 1962.

O diretor do Arena, na ocasião, interessa-se pelas transformações do teatro sob a burguesia e dedica-se ao estudo de Maquiavel, como o demonstram as reflexões corporificadas em dois artigos publicados no Suplemento Literário de *O Estado de São Paulo*, sob o título de "A Poética da Virtù", I e II, respectivamente a 13 e 20 de outubro de 1962.

Já na adaptação de *O Melhor Juiz, O Rei*, assinada por Boal, Guarnieri e Paulo José, chega-se a reescrever o desfecho da peça de modo a introjetar-lhe conteúdo político atual. No texto original, o camponês, o servo oprimido pelo senhor feudal, apela ao rei, que lhe faz justiça. É uma solução que se pode considerar progressista em relação à época em que foi criada (Lope de Vega vive de 1562 a 1635), quando se trata de varrer os remanescentes feudais. Os adaptadores buscam uma solução correspondente, em termos de significado político, para os dias atuais e assim é que na versão do Arena o camponês, ao invés de ser atendido pelo rei, toma o seu lugar (finge ser o rei) e faz justiça a si próprio.

Fica evidente a intenção de conduzir o texto para um comentário sobre a realidade do Brasil naquele momento. A peça vai alinhar-se à luta que se leva contra o latifúndio, em cuja constituição se julga ver a permanência de resquícios feudais. Além disso, a peça põe em questão o poder numa época em que exatamente o poder político é o problema mais agudo no País, em virtude do aceleramento da crise institucional, a partir de 1961, com a renúncia do presidente Jânio Quadros.

A montagem de *O Melhor Juiz, O Rei* associa-se inclusive a um alargamento do circuito de atuação do Arena. A peça é levada no Nordeste, em praça pública, numa ansiosa procura de contato com um público popular.

Se não chega a atingir camadas muito amplas, o Arena consegue pelo menos tornar-se um multiplicador de grupos de teatro que se beneficiam de experiências como a dos laboratórios de interpretação e dos Seminários de Dramaturgia. A própria Companhia se multiplica com a criação, em 1963, do Núcleo 2. O desdobramento foi a solução encontrada para, ao mesmo tempo, manter-se o funcionamento regular da sede e sair em busca de platéias mais amplas. Durante o ano de 1964, o Núcleo 2 percorreu todo o Nordeste, levando *O Soldado Fanfarrão*, de Plauto. O grupo apresentava-se em praças públicas, na carroceria de caminhões, em pátios de igrejas, contando, por vezes, com financiamento dos governos estaduais[16].

16. Depoimento de ISAÍAS ALMADA, in "Núcleo 2 quer dar ao público o que o público quer", *Folha de São Paulo*, 10.01.1967.

A contribuição mais vigorosa do Arena nesse período está na divulgação e transferência de suas conquistas a diversos grupos amadores e profissionais, uma prática que só será assumida programaticamente em 1968.

Esse processo e multiplicação do Arena, entre 1962 e 1964, dá-se, entretanto, com base na transferência dos resultados obtidos em etapas anteriores: a possibilidade de um bom teatro com poucos recursos, a fixação de um teatro de idéias, intimamente comprometido com a realidade social do País. Desse modo, as realizações do grupo entre 62 e 64 não têm a mesma força pioneira da fase anterior.

Gustavo Dória considera esta etapa como um ciclo intermediário entre as revelações do Seminário de Dramaturgia e a proposta de uma nova estrutura que se objetiva em *Arena Conta Zumbi* e *Arena Conta Tiradentes*. Para ele, "apesar das justificativas inteligentes e habilmente formuladas por Boal, a verdade é que tal período não representa uma etapa de êxito semelhante à anterior ou mesmo à que se lhe segue"[17].

Mariângela Alves de Lima tem opinião semelhante:

> Embora recriando o relevo contemporâneo dos conflitos através de adaptações, as obras clássicas interrompem um processo de criação de uma dramaturgia. O traço mais fortemente inovador do grupo foi momentaneamente diluído nesta etapa[18].

Observa, porém, que

> até certo ponto, essa interrupção correspondeu a uma necessidade de realimentação e espera. Na reencenação de obras universais, o Arena pode voltar a prestar atenção na interpretação dos atores, na construção do discurso poético, na estilização analógica das imagens (...). Foram retomadas as questões da modernidade e da eficiência da linguagem cênica sob todos os ângulos. Desde o trabalho de interpretação até a distribuição relativa dos elementos cênicos no espaço[19].

De fato, estes dois anos foram, internamente, de grande importância na história da Companhia, seja pelo aprimoramento técnico, inclusive pela prática da analogia, o que será decisivo no período pós-64, seja pela definição e amadurecimento de um estilo.

Abandonou-se, juntamente com a insistência em textos nacionais, o realismo fotográfico que marcara algumas das produções do período anterior. Dos espetáculos levados a partir de 1962, apenas *O Filho do Cão* (1964) e *Esse Mundo É*

---

17. G. DÓRIA. *Moderno Teatro Brasileiro*, Rio de Janeiro, MEC/SNT, 1975, p. 164.

18. M. A. LIMA. "História das Idéias", *Dionysos* n. 24, MEC/DAC-FUNARTE/SNT, out. 1978, p. 53.

19. *Id. ib.*

Meu (1965), encenados, respectivamente, por Paulo José e Francisco de Assis, não são dirigidos por Augusto Boal. Este é, portanto, praticamente o único diretor do Arena e imprimirá às montagens o estilo que o vem caracterizando, pelo menos desde *Revolução na América do Sul*: tendência ao teatralismo, à deformação expressiva do real, particularmente pelo humor.

Retomada circunstancial do realismo e de uma produção própria acontece com a montagem de *O Filho do Cão*, de Guarnieri, em 1964. Como no espetáculo precedente, *O Melhor Juiz, O Rei*, abordam-se problemas relacionados ao campo, tema insólito no repertório do Arena e ainda mais na dramaturgia de Guarnieri, voltada prioritariamente para a realidade urbana. Ao que consta, a peça foi feita sob encomenda – é a contribuição do Arena ao debate que então se processa em torno de questões como o caráter do nosso mundo rural e sua potencialidade revolucionária.

É o momento histórico marcado pelo crescimento das Ligas Camponesas (com as quais, inclusive, o Arena entra em contato, durante excursão ao Nordeste) e pela reivindicação de uma reforma agrária como bandeira política central. A temática do campo interrompe com toda força nas manifestações artísticas.

Analisando o fenômeno dentro do Cinema–Novo, Jean-Claude Bernardet relacionou-o a uma limitação política da época, fundada no pacto da esquerda com uma suposta burguesia nacionalista, o que leva a se abrir fogo contra o latifúndio retrógado – daí a imagem do oprimido centrada não no operário urbano, mas no camponês[20].

O esforço de produzir um texto que se integrasse ao discurso político dominante é documento da opção empenhada do Arena que, embora mantendo-se em limites estreitos, tenta colocar-se no mesmo pé que movimentos culturais menos comprometidos com o mercado, no sentido de agilizar-se para atender às demandas de um processo político cada vez mais caracterizado pelo sentido de premência.

A tentativa não é feliz. *O Filho do Cão* é retirada de cartaz logo após o golpe militar de 1964 (a estréia ocorrera em janeiro), em primeira instância por medida de prudência, mas possivelmente também pelo insucesso que foi, de público e crítica, um texto mal resolvido estética e politicamente.

Nenhuma das peças levada entre 62 e 64 é inteiramente

20. J. C. BERNARDET. "Operário, Personagem Emergente", *Anos 70*, vol. 4, Rio de Janeiro, Europa Empresa Gráfica e Editora, 1979/80.

bem sucedida. *A Mandrágora* é um êxito de público, mas perde muito em termos de impacto político – parece restringir-se a uma crítica moral da burguesia, deixando intocados os fundamentos do poder. Há, certamente, um grande salto deste espetáculo para *O Melhor Juiz, O Rei*, que repõe de maneira mais contundente a questão política. Entretanto, a decodificação da analogia histórica exige certa intimidade com a matéria que se pretende representar. O Arena enverada pelo caminho que pode levar à surdez ou à redundância, já que o entendimento pleno só se poderá efetivar através da cumplicidade que gere um código comum à cena e à platéia, e ensaia a direção que sua atividade terá na etapa seguinte.

Também o processo empregado na nacionalização dos clássicos será objeto de restrições. Segundo Boal, "para que se pudessem radicar em nosso tempo e lugar, tratavam-se esses textos como se não estivessem radicados à tradição de nenhum teatro de nenhum país"[21].

"Há uma ponte com o passado que não pode ser destruída, sob pena do presente, mesmo em termos dialéticos, tornar-se gratuito ou simples produto de habilidade"[22], reage Paulo Mendonça à encenação de *Tartufo*. O desenraizamento histórico que lhe parece condenável nesta etapa das atividades do Arena desembocará, no período seguinte, em desenraizamento dos próprios fatos, comprometendo o alcance político dos textos criados por Boal e Guarnieri.

As críticas são um bom documento da evolução da Companhia. Em 1953 era ela cobrada por não empregar seu ímpeto jovem na sustentação de um repertório que superasse, em qualidade, aquele levado pelo teatro comercial. Entre 1958 e 1961, a crítica já pode apontar defeitos em uma dramaturgia original, criada pelo Arena e, mais do que isso, em um projeto de atuação. O grupo cumprira a tarefa renovadora que dele se parecia esperar desde o início. Tomara corpo e se impusera como ponto de referência para toda a atividade teatral do momento.

O público podia ser burguês e alienado como afirma Sábato Magaldi[23], ou platéia classe-média e amorfa como quer Boal[24]. Essa realidade foi em parte transformada pela atividade

21. A. BOAL. "Elogio Fúnebre do Teatro Brasileiro Visto da Perspectiva do Arena", in *Arena Conta Tiradentes*, São Paulo, Edições Sagarana, 1967, p. 19.

22. P. MENDONÇA. "Da Ordem dos Fatores", *Folha de São Paulo*, 07.02.1965.

23. S. MAGALDI. "Nacionalismo e Teatro", Suplemento Cultural de *O Estado de São Paulo*, 14.11.1959.

24. Ver nota 23, cap. 2, Parte 2.

do Teatro de Arena. Pensamos aqui, um pouco, no que fala Antônio Cândido sobre o "dinamismo da obra que esculpe na sociedade as suas esferas de influência, cria o seu público, modificando o comportamento dos grupos e definindo relações entre os homens"[25].

Pela mão do Arena, a dramaturgia brasileira de preocupação social formará seu público ao dar corpo a uma expectativa latente. O resultado foi uma corrida das outras Companhias à cata de novos autores nacionais, ou, à falta destes, de textos estrangeiros capazes de falar à realidade humana, social e política do Brasil. *Gimba* e *A Semente*, de Guarnieri; *O Pagador de Promessas*, de Dias Gomes; *Vereda da Salvação*, de Jorge Andrade, estão entre as principais peças brasileiras levadas, então, em outros palcos de São Paulo. Entre as estrangeiras, figuram *A Morte do Caixeiro Viajante*, *As Feiticeiras de Salém*, de Arthur Miller; *A Vida Impressa em Dólar*, de Clifford Odets.

O crescimento do Arena não modifica apenas a movimentação em torno do teatro empresarial. De sua carne sai o grupo (CPC) que, fora do circuito de mercado, irá formar toda uma geração de artistas, das mais fecundas que temos conhecido e que trará para todos os ramos da atividade artística novas idéias e novas exigências.

Em 1964 já não se discute apenas a interpretação ou o repertório do Arena, mas a relação que estabelece com os textos encenados. A Companhia criara um estilo próprio, que tem boa dose de irreverência, pela liberdade com que se tratam os textos e os recursos cênicos.

Se não detém o papel de vanguarda, no período 62/64, a posição do Arena no teatro paulista continua sendo original. Mesmo levando peças estrangeiras, consegue, pelo acerto na escolha, ou pela sem-cerimônia da adaptação, manter-se colado à nossa realidade, preservando sua característica de teatro "engajado".

Como dissemos, outras Companhias (basicamente o TBC em sua nova fase) escolhem textos da dramaturgia internacional tendo por critério suas possíveis relações com a condição brasileira. Às vezes existe o intuito expresso de erigi-las em comentário sobre a situação político-social do País, como é o caso da montagem, por Antunes Filho, de *As Feiticeiras de*

---

25. A. CANDIDO. "O Escritor e o Público", in *Literatura e Sociedade*, São Paulo, Cia. Editora Nacional, 1973, p. 74.

Salém. Não saberíamos aqui (nem é o caso de fazê-lo) julgar quem foi mais feliz em suas aproximações a tais objetivos, mas podemos dizer que as operações analógicas do Arena terão algumas condições especiais. Senão, vejamos o que ocorre com as montagens menos explicitamente políticas que realiza. *A Mandrágora* vitupera os falsos valores da reputação e da aparência, mas também critica aqueles que, como Frei Timóteo, tendo poder sobre os homens, de todos tira proveito. Desvenda os mecanismos da corrupção. O discurso envolve em sua crítica jocosa a moral burguesa, a corrupção do poder, os defeitos de um regime político e de uma sociedade que se quer destruir. Os mesmos temas são retomados em *O Noviço* que ainda acentua o problema da imposição, do constragimento da vontade e do desejo de alguém (indivíduo? nação? ambos?) disposto a seguir seu próprio caminho sem a tutela de espoliadores.

As alusões ao momento político poderiam não ser muito claras para quem não estivesse muito próximo do pensamento do Arena. Mas para quem só podia entender a missa até o ofertório, restavam deliciosos momentos de humor. Risse a burguesia enquanto seu império era minado; rissem os eleitos diante da tranqüilidade palerma dos "Messer Nícia". Esse era o jogo que o Teatro de Arena podia fazer num momento que se tomava como conjuntura pré-revolucionária.

E que falasse o CPC. Atado a suas limitações empresariais, por uma astúcia não consciente, o Arena se beneficia do clima de agitação política e cultural de que sem dúvida participa, mas sendo agora apenas parte. Tudo serve à alimentação do contingente dos eleitos, do público fiel que se fora criando desde a fase nacional e que pode agora compartilhar com os atores o sorriso maroto daquele que sabe "do que se está falando". Ao mesmo tempo, liberado da tarefa estafante de manter em pé a dramaturgia nacional, preso a suas limitações empresariais, mas livre das limitações estreitas da militância, o grupo pôde aprimorar os seus instrumentos e apresentar-se quase pronto para a sobrevivência quando o tempo se fecha.

Datam ainda do período 62/64 as aproximações sistemáticas entre o Arena e o movimento musical, através das Noites de Bossa, levadas na Teodoro Bayma às segundas-feiras, de *shows* de música folclórica e da participação da Companhia em espetáculos musicais levados em outras casas. Não se tratava de simples apresentações de músicas, mas de combinações entre música e texto, embriões do que vieram a ser os grandes musicais de 65/67, Exemplo é o *show Historinha*, realizado em

1964, no Teatro Paramount, com presença do elenco do Arena e roteiro preparado por Gianfrancesco Guarnieri e Paulo José.

Foi com esta bagagem que o Teatro de Arena chegou a 1964. Com *Tartufo*, que estréia em setembro daquele ano, carreiam-se a prática e a agilidade adquiridas para uma primeira resposta ao golpe militar: a peça serve de comentário crítico ao caráter retrógrado das mobilizações direitistas, à hipocrisia das "marchas pela liberdade".

A resposta é ainda tímida, insuficiente para a revolta surda que se instala quando se trancam os caminhos. Desbaratados os movimentos de cultura popular, o Arena, o único grupo de teatro político que resta organizado, vê-se incumbido da missão de expressar, sob forma mais efetiva, a resistência, o que se fará em fins de 64, com *Opinião* "show" que marca o reencontro do Arena com os integrantes do CPC.

Abre-se o tempo dos espetáculos em que a música embala o grito de revolta e que atingirá seu ponto alto com *Zumbi* e *Tiradentes*.

Parte 3. TEMPO DE REBELDÍA: *ARENA CONTA ZUMBI*

> *Estás hoje vencido, mas a coragem não te falha.*
> *Que a guerra só acaba com a última batalha*
> *Que a guerra não acaba antes da última batalha*
>
> B. BRECHT

FICHA TÉCNICA

Arena Conta Zumbi

Texto de: Augusto Boal e Gianfrancesco Guarnieri

Elenco: Anthero de Oliveira, Chant Dessian (Isaías Almada), David José, Dina Sfat (Susana de Morais), Gianfrancesco Guarnieri, Lima Duarte, Marflia Medalha, Vanya Sant'Anna.

Músicos: Carlos Castilho, Anunciação e Nenê.

Música: Edu Lobo.

Direção Musical: Carlos Castilho.

Montagens cinematográficas: Cecília Guarnieri, Flávio Império, Thomaz Farkas, Rodrigo Lefevre, Luís Kupfer, Maurice Capovilla.

Iluminação: Orion de Carvalho

Estréia: 1º de maio de 1965
  Teatro de Arena de São Paulo

VAMOS AO TEATRO

INGRESSOS TAMBEM NA CASA DO ESPECTADOR — RUA 7 DE ABRIL, 127 — LOJA 3 — TELEFONE: 32-0907

Sociedade de Cultura Artística
Recital de abertura da temporada

PIANISTA
SEQUEIRA COSTA

Programa: Sousa Carvalho — Toccatta — e Andante; Bach-Busoni — Prelúdio e Fuga; Schumann — Cenas da Floresta, opus 82; Chopin — 12 Estudos opus 25.

QUARTA-FEIRA, DIA 7, 21 hs. Teatro Municipal.
Ingressos avulsos na bilheteria do teatro.

ULTIMOS DIAS!

MARIA DELLA COSTA
AS BRUXAS DE SALEM
de ARTHUR MILLER
PAULO AUTRAN

TEATRO MARIA DELLA COSTA
RUA PAIM, 72
Reservas: 36-0771

NÃO PERCAM O GRANDE ESPETACULO!
Hoje vesperal às 18 horas
A' noite às 21 horas

PRÓ-ARTE — TEATRO MUNICIPAL
ABERTURA DA TEMPORADA

Festival "Carlos Gomes"
: SONATA EM QUATRO TEMPOS PARA CORDAS
:: POEMA VOCAL-SINFONICO EM QUATRO PARTES

COLOMBO

9 ABRIL

ORQUESTRA SINFONICA + CORO
7 SOLISTAS — Reg. Mo. A. BELARDI
Inf.: PRÓ-ARTE — ITAPETININGA, 120 — gr. 414.

O SUCESSO MAIS FULMINANTE DO TEATRO BRASILEIRO DE TODOS OS TEMPOS

OPINIÃO

com zé kéti, joão do vale e apresentando maria betânia

CURTÍSSIMA TEMPORADA: 15 DIAS

ESTRÉIA DIA 9 NO TEATRO RUTH ESCOBAR
um espetaculo
OPINIÃO-ARENA
reserva desde já p. f. 35-8843

TEATRO INFANTIL
T.B.C. APRESENTA

A BELA ADORMECIDA
de Eduardo M. Curado

Sabado 16 horas
Domingo 10,30 e 16 horas
Dir. Alessandro Mammo

Teatro Brasileiro de Comédia
Rua Major Diogo, 315, fones: 36-4408 e 32-9912

VENHA ASSISTIR À COMÉDIA MAIS ENGRAÇADA DO ANO!
FERNANDO D'AVILA APRESENTA

"SEU LOBO"
E O MONOQUINI VERMELHO

FARSA DE PAULO SILVINO — Dir.: FERNANDO D'AVILA — Com Paulo Silvino — Rosemarie Sulquer — Renato Restier — Marly Cabral — Armando Ferreira — Gina Bianchi
HOJE VESPERAL AS 16 HORAS. A NOITE AS 20,15 E 22,15 HS. — AMANHÃ, 2.a-FEIRA HAVERA ESPETACULO AS 20-15 E 22,15 HS.

TEATRO NATAL
Sala Azul — Tel. 35-3377 — Ar condicionado.

J. MAIA apresenta
HOJE — SENSACIONAL! —HOJE

BOSSA NOVA 65!

O espetáculo começa ao meio dia!
Não tem intervalo!

Não pára, não repete e termina à meia-noite!
De hora em hora UM FABULOSO NUMERO ARTISTICO. — 12 atrações internacionais!
O maior elenco do Brasil!

Quanto mais cedo você entrar, mais assistirá 12 horas de espetáculo diferente!

TEATRO SANTANA
R. Amador Bueno, esquina da av. Ipiranga.

— é comédia?
— é musical?
— é documento?
— é teatro revolucionário?
— é coisa nova?

— **É ZUMBI!**
— **É ARENA!**

ULTIMO DIA

o TARTUFO

sai de cartaz com 236 representações
sai de cartaz com o melhor espetáculo

HOJE às 18 e 21 HORAS — Reservas pelo fone 35-7973 (estudantes terão desconto na segunda sessão).

4.o MES DE ABSOLUTO SUCESSO!
Produções RABBATH apresentam
a gozadíssima SUPER-REVISTA

"MULHER... CONFETI E SERPENTINA"

de Meira Guimarães
UM ELENCO SELECIONADO
E NOVO PARA S. PAULO!
MULHERES BONITAS! BAILADOS MODERNOS! ALEGRIA! COMICIDADE!
Hoje vesperal às 16 hs. à noite 2 sessões às 20,15 e 22,15 horas.

TEATRO NATAL
Sala Vermelha - Pça. Julio Mesquita, Tel. 35-3377
AR CONDICIONADO PERFEITO

Teatro Leopoldo Fróes
Rua General Jardim, 549 — Tel. 32-8272.
Hoje vesperal às 16 horas. A' noite às 21 horas

BARRETOS DO AMOR
de MARIVAUX

TEATRO POPULAR DO SESI — Ingressos gratis na praça Carlos Gomes, 46, 9.o andar e na Casa do Espectador — R. 7 de Abril, 127

PRO ARTE: TEATRO MUNICIPAL
TEMPORADA 1965 — 12 CONCERTOS

9.4 — CARLOS GOMES — COLOMBO
13.4 — NELSON FREIRE — PIANO
20.V. — PIERRE FOURNIER — CELLO
14.6 — RICHTER-HAASER — PIANO
18.6 — CAMARATA MUSICALE DE BERLIM
25.6 — QUARTETO DE PRAGA
7.7 — ILKA MACHADO — SOPRANO
27.7 — TRIO DE TRIESTE
9.8 — WANDA WILKOMIRSKA, Violino
24.8 — ORQUESTRA DE MUNIQUE
23.9 — ORQUESTRA DE TOULOUSE
30.9 — CONCERTO SINFONICO

Reg.: F. P. Decker - Rotterdamm
Sol.: Rudi Buchbinder - Piano
Inscr.: PRO ARTE — Itapetininga, 120
gr. 414. Tel. 34-4344 das 15-18 hs.

---

noites de bossa

Ultimos dias
Teatro Oficina — R. Jaceguai, 520
"Studio Um" apresenta

UM CASO EM IRKUTSK
DE ALEXEI ARBUSOV

CACILDA é SUCESSO!

e você?

Ao som do atabaque que marca o ritmo, o elenco entra em cena (de acordo com as indicações do roteiro, como jogadores de futebol em campo). Os atores cantam. Quando sola, o ator põe-se de joelhos. Todos cantam uns para os outros e o refrão é dirigido à platéia:

> *O Arena conta a história*
> *prá você ouvir gostoso*
> *quem gostar nos dê a mão* } bis
> *e quem não tem outro gozo*
>
> *História de gente negra*
> *da luta pela razão*
> *que se parece ao presente*
> *pela verdade em questão,*
> *pois se trata de uma luta*
> *muito linda na verdade:*
> *É luta que vence os tempos* } bis
> *luta pela liberdade!*
>
> *Os atores têm mil caras*
> *fazem tudo nesse conto*
> *desde preto até branco* } bis
> *direito ponto por ponto*
>
> *Há lenda e há mais lenda*
> *há verdade e há mentira:*
> *de tudo usamos um pouco*
> *mas de forma que servirá*
> *a entender nos dias de hoje*
> *quem está com a verdade*

> *quem está com a verdade*
> *quem está com a mentira*[1]. } bis

Com esta proposição tem início o espetáculo musical *Arena Conta Zumbi*, uma das realizações teatrais mais instigantes dos anos sessenta.

A anunciada história "que se parece ao presente" é uma recriação poética do episódio de Palmares. O rei Zambi rebela-se contra o horror do cativeiro e ganha as matas. É o sinal para que se generalize a escapada de negros rumo ao sertão, onde a mão livre do homem, trabalhando as dádivas da natureza, construirá a prosperidade dos quilombos, seguindo a lei de Zambi:

> É no trabalho que um dia a gente pega o sol com a mão. É no trabalho que se faz o mundo mais de jeito. Em cada coisa que a mão livre do negro encostar novas coisas vão nascer. Não vamos viver só das coisa já nascida, das coisa que Deus deu. Vamos fazer o mundo mais de nosso jeito (p. 35).

Anos depois o navio negreiro trará o neto que Zambi deixara pequenino em terras de Luanda. É Ganga Zona, a quem os negros de Palmares libertam e conduzem aos quilombos. A ele se juntará, quando crescido, seu filho, Ganga Zumba, nascido no cativeiro e que virá a ser o último rei e defensor dos Palmares.

Nas primeiras tentativas de organizar expedições de caça aos negros foragidos, os senhores brancos desistem: a campanha sairia mais cara que a importação de novos escravos. Chega, porém, um momento em que a liberdade do negro e a prosperidade de seu reino começam a parecer grande ameaça:

> – E veja, Excelência. Esses negros, inferiores pela própria natureza, ameaçam construir uma sociedade bem mais aparelhada, produtiva e forte do que a nossa. É anti-histórico (p. 42).

Quando a própria estruturação social está em risco, todo preço é pequeno. Os brancos partem para uma cruzada de consquista da opinião pública, alertando-a contra "o perigo da infiltração negra" (p. 43), até que se somem as forças para a grande escalada de sufocação daquele perigoso exemplo.

Nesse meio tempo, os negros cometem um erro fundamental, fruto de sua ingenuidade e de seus propósitos pacíficos. A riqueza de Palmares atraíra os "brancos comerciantes" que lhe fornecem armas em troca dos bens produzidos nos quilombos.

---

1. A. BOAL e G. GUARNIERI, "Arena Conta Zumbi", *Revista de Teatro da SBAT*, n. 378, nov.-dez. 1970, p. 31. Nas próximas citações do mesmo texto indicaremos apenas a página.

Confiantes em que "um branco vai nos defender, contra o branco que quer nos perder" (p. 40), os negros deixam de comprar armas e ousam aumentar o preço de seus produtos. Os supostos amigos, feridos em seus interesses mais sensíveis, aliam-se aos senhores de terra para destruir os rebeldes.

Supreendidos com a quebra da paz e inferiorizados na medida em que seu armamento não aumentara na proporção em que cresciam as forças e a sanha do inimigo, os negros estão condenados à derrota.

Esta é a súmula do enredo e que diz bem pouco do que foi o primeiro grande musical do Teatro de Arena.

Assinado por Augusto Boal e Gianfrancesco Guarnieri, o espetáculo é, pode-se dizer, uma criação coletiva coordenada pelos dois dramaturgos, tal a diversidade de subsídios que ali se somam.

As contribuições começam pelos textos de que se serve a peça, no final de contas uma vasta colagem, e vai até a participação do público, sem cuja cumplicidade muitos significados se perderiam.

Atendo-nos apenas aos elementos mais concretos e duradouros da obra, deveríamos apor-lhe pelo menos mais uma assinatura: a de Edu Lobo, cujas composições têm, para o espetáculo, quase a mesma importância que o texto, havendo sido, de acordo com depoimento já citado de Guarnieri, o seu ponto de partida.

Ainda na parte musical, Vinícius de Morais deu uma pequena contribuição: é de sua autoria a letra de "Zambi no açoite".

O argumento básico de *Zumbi* foi fornecido pelo romance *Ganga Zumba*, de João Felício dos Santos, de onde provêm ainda cenas, nas quais se efetuou apenas algum desbastamento, em função, certamente, do ritmo.

Também se deve a João Felício dos Santos a espécie de dialeto falado pelos negros, do português estropiado, que nos parece indevido em uma peça sem pretensões naturalistas, às expressões africanas que conferem ao texto efeito poético.

Teria a dedicatória do romance inspirado a da peça? Embora com termos diferentes, elas se aplicam a destinatários semelhantes: *Ganga Zumba* "é de todos aqueles que, em algum tempo da vida, lutaram até o fim por uma estrela qualquer"[2].

2. J. F. SANTOS, apresentação do romance *Ganga Zumba*, Rio de Janeiro, Editora Civilização Brasileira, 1962. (O romance foi reeditado pelas Edições de Ouro, Tecnoprint.)

Zumbi, restringindo essa estrela, "presta uma homenagem a todos aqueles (...) empenhados na conquista de uma terra da amizade, onde o homem ajuda o homem"(p. 31).

Para composição do texto, os autores dedicaram-se também à leitura de fontes documentais, do que resulta a enunciação de dados precisos. Mas essa consulta às fontes não serve apenas, nem principalmente, ao cuidado da exatidão (existem até eventuais distorções dos fatos). Os contadores de *Zumbi*, muitas vezes, afirmam seu ponto de vista através da reprodução irônica ou distorcida de textos históricos ou de obras de nossa literatura colonial.

Padre Antônio Vieira e Pero Vaz de Caminha são vítimas do espírito matreiro que os transforma em autores cômicos involuntários pelo simples ato de se transcreverem trechos de suas obras no contexto propício.

Quando, ironicamente, se fala no negro como ameaça à civilização, por construir uma sociedade mais bem aparelhada e produtiva no interior da colônia, está-se glosando o ponto de vista de alguns historiadores sobre os acontecimentos de Palmares, como é o caso destas palavras de Nina Rodrigues:

> Em nome da civilização e dos progressos futuros da colônia lusitana, tem-se acreditado justo e permitido deplorar-se o insucesso do domínio holandês no Brasil.
>
> A todos os respeitos menos discutível é o serviço relevante prestado pelas armas portuguesas e coloniais, destruindo de uma vez a maior das ameaças à civilização do futuro povo brasileiro, nesse novo Haiti refractário ao progresso e inacessível à civilização, que Palmares vitorioso teria plantado no coração do Brasil.[3]

Não fica por aí a ampla incorporação que se opera na peça a nível da música, do texto e dos recursos cênicos, mas deixemos para tratar disso aos poucos e ressaltemos desde já o aspecto dessa apropriação e reelaboração que diz respeito ao gênero de espetáculo.

Assim como em 1958 o Arena descobre novas possibilidades para a pintura de costumes, agora dá dimensão nova a dois gêneros dramáticos tradicionais: o musical e a peça de assunto histórico. Enquanto musical, veremos a seu tempo, criou-se um espetáculo que já em nada se parece com a forma sob a qual conhecíamos o gênero. Quanto ao tema histórico, interpretado à luz de uma análise política atual, ganhará função evidentemente analógica, permitindo que se comentem ao mesmo tempo o passado e o presente.

---

3. N. RODRIGUES, *A Tróia Negra (Erros e Lacunas da História de Palmares)*, Salvador, Livraria Progresso Editora, 1954, pp. 22/23.

Zumbi é uma peça em dois atos. O primeiro compreende os acontecimentos que vão do cativeiro e fuga de Zambi, passando pela construção de Palmares, uma sociedade livre e pacífica, sustentada pelo trabalho e pela solidariedade, até a chegada e aclamação de Ganga Zumba, o bisneto de Zambi, o que coincide, no mundo dos brancos, com importantes mudanças: D. Pedro de Almeida, que firmara a paz com os negros, é destituído, assumindo o governo D. Ayres de Souza Castro, que será responsável pela organização férrea e decisiva da repressão.

Todo o segundo ato é dedicado à narração dos preparativos e execução da escalada final. Os brancos destróem Serinhaem, apontada como cidade traidora por não se aliar à repressão. Os negros ficam isolados. Ganga Zona é aprisionado. Zambi passa o comando dos quilombos ao moço Ganga Zumba e suicida-se. As tropas, comandadas pelo bandeirante Domingos Jorge Velho, empreendem o massacre, arrasando os últimos redutos da resistência negra.

Apesar da insistência nos passos da tragédia, a peça não leva ao horror diante da derrota, mas se encerra, ao contrário, por uma exortação onde se afirma a validade da luta. Ganga Zumba, já cercado pelo inimigo, dirige à platéia sua última fala, calcada no poema de Brecht "Aos que virão a nascer", uma retomada, aliás, do discurso pronunciado por Zambi antes de desaparecer:

> Eu vivi nas cidades no tempo da desordem. Vivi no meio da gente minha no tempo da revolta. Assim passei os tempo que me deru prá vivê. Eu me levantei com a minha gente, comi minha comida no meio das batalha. Amei sem tê cuidado...olhei tudo que via sem ter tempo de bem ver...por querer liberdade. A voz de minha gente se levantou. Por querer liberdade. E minha voz junto com a dela. Minha voz não pode muito, mas gritá eu gritei. Tenho certeza que os donos dessas terra e sesmaria ficaria mais contente se não ouvisse a minha voz...Assim passei o tempo que me deru prá vivê. Por querer liberdade (p. 54).

A fala vem acompanhada pelo tema musical de "Venha Ser Feliz", chamamento à construção de um mundo melhor. Na seqüência, os atores, em uníssono, afirmam o anseio de liberdade, quando se ajoelham e começam a cantar, agressivamente:

> Entendeu que lutar afinal
> é um modo de crer
> é um modo de ter
> razão de ser (p. 54)

Ainda de joelhos voltam-se para a platéia e em sua direção cerram os punhos. Estão derrotados, sim, mas conservam a rebeldia e a disposição de lutar.

Existe, desde o início da peça, o cuidado de reduzir o significado da derrota, tomando-a não como definitiva, mas como um episódio na guerra que ainda se pode vencer. A inserção da batalha na corrente da guerra faz-se a partir da dedicatória:

> O número de mortos na campanha de Palmares – que durou cerca de um século – é insignificante diante do número de mortos que se avoluma, ano a ano, na campanha incessante dos que lutam pela liberdade. Ao contar Zambi, prestamos uma homenagem a todos aqueles que, através dos tempos, dignificam o ser humano, empenhados na conquista de uma terra da amizade onde o homem ajuda o homem (p. 31).

A exortação à continuidade da luta sustenta-se em parte na descrição idílica desse mundo livre onde "o homem ajuda o homem", mas o que principalmente a justifica é a tentativa de compreender e mostrar as causas da derrota, as quais, em suma, podem ser reduzidas à desproporção das forças que se enfrentam: de um lado, a malícia e a violência armada do branco; do outro, a ingenuidade, o desejo de paz, para usar uma expressão brechtiana, a "bondade desarmada" do negro.

Num primeiro momento, os negros mostram-se capazes de resistência à perfídia dos senhores. No quadro do cativeiro, são dados os instrumentos que tem o branco para manter homens escravizados: a força, mostrada através da projeção de "slides" e da declinação dos diversos castigos aplicados aos cativos; a dominação ideológica, para cuja representação valeram-se os autores de um trecho de Vieira, dos *Sermões do Rosário*, citação que se presta facilmente à leitura irônica – o pregador procura convencer o ouvinte das vantagens da escravidão:

> Não há trabalho nem gênero de vida no mundo mais parecido à cruz e à paixão de Cristo que o vosso (p. 33).

Apesar da eficiência de tais instrumentos, negros fogem. É mais forte o desejo de liberdade. Nos quilombos, travam-se com êxito as primeiras batalhas. Os negros se deixam vencer – eis o que a peça acentua – a partir do momento em que se desarmam por conta de uma aliança enganosa.

Não é gratuita essa visão dos fatos. Como nos previne a proposição da peça, "de tudo usou-se um pouco, mas de forma que servira a mostrar, nos dias de hoje, quem está com a verdade, quem está com a mentira" (p. 31). A fábula tem caráter exemplar, endereço certo e, para tanto, motivos bem calculados. A inserção de diversas referências ao presente relembra constantemente a que época se devem ajustar as lições extraídas do evento narrado: o episódio de Palmares será a metáfora dos acontecimentos de 1964. Pretende-se analisar o golpe de abril, a derrota das forças populares, expondo suas causas de modo a subsidiar uma atitude de resistência.

Entre os elementos que operam essa aproximação, pode-se

destacar o discurso de posse do rígido governador D. Ayres, reprodução paródica de discursos oficiais da época, acentuando-se o furor repressivo posto a serviço de um poder externo. "Meu governo será impopular, e assim, há de vencer, passo a passo, dentro da lei que eu mesmo hei de fazer", proclama D. Ayres neste texto de 1965. Em 1964 o presidente Castelo Branco tomara posse jurando seguir a lei do País e já em seus primeiros discursos afirmava aceitar a impopularidade, que entende temporária, de seu governo[4].

O movimento de 1964 ergueu-se contra um governo que tentara instituir um modelo de desenvolvimento independente. Declara D. Ayres:

> A independência é necessária na teoria, na prática vigora a inter-dependência. Não é aqui, neste Brasil, que as decisões políticas devem ser tomadas: é na Metrópole, nossa Mãe Pátria... (p. 45).

No plano da escalada de Domingos Jorge Velho não faltam alusões às práticas norte-americanas na guerra do Vietnã: dizimar os negros pelas doenças, queimar e exterminar as populações dos quilombos, velhos, crianças, mulheres. Na linha de frente do ataque são colocados os índios, com a recomendação: "Carrega na maconha que são esses que vão morrer primeiro" (p. 52).

Por todo o texto são semeadas expressões tais como "infiltração negra", "exterminar a subversão", "moralização", "valores de nossa sociedade", lugares-comuns da retórica de 1964.

Os passos que antecedem a grande campanha militar contra Palmares reproduzem acontecimentos que precederam o 1º de abril (ou, como queiram, 31 de março). Exemplo é o empenho na conquista da opinião pública através de discurso que alerta contra o perigo negro (entenda-se "vermelho") e pinta o adversário como aliado de Satanás.

> Cuidado, cuidado
> não se deixe enganar
> o perigo negro existe
> O negro é um perigo para a nossa tradição
> Você que se comove
> pensando que o negro só deseja a paz
> é um pobre enganado, pensando assim só ajuda
> Satanás (p. 43).

Papel dos mais negativos é reservado à Igreja, à religião, cujo respaldo fora uma das mais caras armas da direita em 64.

---

4. Veja-se, por exemplo, o discurso proferido pelo Mal. Castelo Branco a 10.03.1965 na instalação da CONSPLAN.

É muito recente a memória das "marchas-com-deus-e-a-família" e dos rosários erguidos contra a "infiltração comunista". Em *Arena Conta Zumbi*, além da utilização, já citada, de um texto de Vieira para simbolizar a dominação ideológica, aparecerão trechos dos Evangelhos fundamentando as opções interesseiras dos brancos comerciantes:

> Nós os brancos comerciantes
> nos guiamos pela bíblia
> o livro santo prevê este caso
> no Evangelho de Ezequiel:
> – Com a rebeldia não há concórdia
> Punir com firmeza é uma forma
> de demonstrar misericórdia (p. 40).

Por fim, é um bispo que recomenda a D. Ayres a figura tenebrosa de Domingos Jorge Velho e, num discurso que aproveita, deturpando-os, trechos da carta de Pero Vaz de Caminha, abençoa a sangrenta expedição:

> BISPO – Aos negros devemos acabar pois vivem com tal liberdade, sem lembrança da outra vida e com tal soltura como se não houvesse justiça, porque a de Deus não a temem e a da terra não lhes chega. O hábito da liberdade faz o homem perigoso (p. 51).

A aliança confiante dos quilombolas com os "brancos comerciantes" que, embora tenha de certo modo existido na história de Palmares, não figura como causa direta da derrota, pretende ser referência a uma questão que deu margem a grandes discussões antes e depois de 1964, qual seja a aliança das classes trabalhadoras com setores da burguesia, tidos como progressistas. Para muitos, já o vimos, essa aliança atreladora teria sido a principal causa da desarticulação das forças populares diante do golpe militar. Assim também entendem os contadores de *Zumbi* e tiram a lição: os diversos setores da classe dominante podem ter contradições entre si, mas não tão fundamentais que os impeçam de se unirem caso o povo ameace de algum modo seus interesses. Os setores "amigos do povo" só o são enquanto este servir a suas ambições, caso contrário, são capazes de se somarem aos grupos sociais mais retrógrados para esmagar o inimigo fundamental. Com isso critica-se uma direção incorreta dada ao movimento político. Não se apontam, no entanto, responsáveis pelo erro de condução. Na peça do Arena, a simpatia estende-se sem restrições aos derrotados, como se todos só muito tarde tivessem alcançado a compreensão de sua falha e esta fosse conseqüência, não de uma análise insuficiente e incorreta dos fatos, mas de uma generosidade, traço positivo que só deve ser afastado devido à malícia e violência do inimigo.

Reproduz-se, em *Zumbi*, a postura que orienta *A Semente*, de Guarnieri: critica-se a esquerda, mas de dentro, de um ponto de vista solidário. A perspectiva, em *A Semente*, é a de Agileu Carraro, o militante comunista que se insurge contra a linha burocratizada do Partido, mas nunca, mesmo caído em desgraça, o renega como direção. Em *Zumbi*, o ângulo de visão pretende ser o do povo derrotado, o de todos os empenhados na luta, tornando-se, assim, coletiva a responsabilidade por erros e acertos. No mau destino unificam-se os que participaram, de algum modo, de seu traçado e todos são redimidos pela mensagem positiva semelhante à que se vira em *Eles Não Usam Black-Tie*, onde se espera que Tião, o traidor da greve, retorne quando entender melhor a vida. Se aqui a consciência é dada como suficiente para se assumir a atitude correta (leia-se revolucionária), em *Zumbi* tudo se passa como se a compreensão do erro fosse o bastante para sua superação e reversão da derrota. Não se indicam novos rumos, mas se insiste na continuidade de uma luta que, conforme a dedicatória, "dignifica o ser humano".

A mensagem é sobretudo moral e a impressão de um moralismo de fundo não vem só da prescrição de uma luta em nome de sua dignidade, mas da insuficiente exploração dos motivos de cada um dos oponentes, sobretudo entre os inimigos. As razões da liberdade ainda estão melhor especificadas: os negros fogem para construir um mundo melhor onde o homem, porque trabalha para si e não para outrem, cria a prosperidade para todos. O opressor quer destruir os quilombos para impedir esse progresso e o faz atendendo às ordens da metrópole, do poder externo. Mas, por que impedir que uma sociedade progrida? A peça não consegue desvendar os mecanismos capitalistas e a luta de classes, razão última dos embates políticos que pretende representar.

A superficialidade da análise política responde, em parte, a uma limitação auto-imposta de atender ao imediato, fazendo de *Zumbi* uma peça datada, já pelo insistente recurso a alusões que se perdem para quem não tenha proximidade com os acontecimentos. Os melhores lances de humor – e a comicidade é um dos maiores trunfos do espetáculo – se dão sobre referências a fatos próximos. Algumas passagens, inclusive, tiram seu efeito de um comportamento afetivo muito particular a certos grupos. É o caso da cena em que os escravos foragidos embrenham-se no sertão: os atores formavam uma figura paródica de "monumento às bandeiras", bem mais hilariante para o paulistano que convive com o popular "empurra-empurra" (Monumento às Bandeiras, no Parque do Ibirapuera) do que para qualquer outro espectador.

Também particularidades não-intencionais prendem *Zumbi* a seu tempo. A uma platéia de hoje certamente não agradaria, por exemplo, o tratamento que, na peça, se dá à sexualidade. No que tange ao Negro, marca-se a heterossexualidade ostensiva, ligada um pouco ao companheirismo e muito à reprodução e ao fortalecimento do quilombo, num contexto merecedor do epíteto "machista". Uma das primeiras providências dos quilombolas é tratar de raptar negras: "– 20 negras! – 40! – Prá cada um!" (p. 34). E as vítimas do rapto chegam a cantar a sujeição:

> Pois é, de sinhô em sinhô
> eu prefiro meu nêgo que é da minha cor (p. 34).

Do lado do Branco, como um dos mais fortes componentes de sua imagem decadente e negativa, está a exploração cômica de caracteres homossexuais.

Se o atributo que a peça paga às limitações de sua época é dificilmente recuperável e se as alusões a seu tempo e espaço restringem hoje sua capacidade evocativa, um núcleo tem generalidade suficiente para garantir sua permanência além do circunstancial. Tomamos aqui como depoimento a crítica de Maria Helena Serôdio à apresentação do espetáculo em Lisboa, no ano de 1978. Para a autora, que registra o empobrecimento da comunicação pelas alusões circunscritas aos acontecimentos próximos, ficou clara a intenção de valorizar o gesto libertador. O texto pareceu-lhe capaz de suscitar adesão quer pela comicidade quer pela figuração no concreto da idéia de liberdade, na evidência de uma felicidade que nasce da vida livre de Palmares. Ultrapassando o texto, no plano musical, percebe-se a procura de maior comunicabilidade e beleza e, sobretudo, conforme a crítica, "a vivência do espetáculo como festa colectiva"[5].

De fato, desbastando-se as circunstâncias, resta a fábula genérica da luta do oprimido contra o opressor e a visão lírica de um mundo construído pelo trabalho e pela alegria da liberdade. Canções como "Upa Neguinho" e "Estatuinha" fixam-se como reiterações de uma ventura possível e que se impõe com anseio.

5. M. H. SERÔDIO, "Zumbi", *O Diário*, Lisboa, 24.02.1978.

E mais – *Zumbi* interessa ainda hoje concepção cênica que foge ao tradicional e foi, em seu tempo, surpreendente. É um espetáculo despido de qualquer aspecto inessencial. Não há cenários. No palco vazio a ambientação é sugerida pelo próprio texto, por efeitos sonoros e de iluminação e, sobretudo, pela movimentação dos atores. Estes, por sua vez, aparecem vestidos da mesma maneira: calça Lee branca e camiseta escura. Não há necessidade de caracterizar os personagens pois esta não é uma história vivida, é uma história narrada. O caráter narrativo (e de narração coletiva), apoiando-se na total desvinculação ator/personagem, constitui o aspecto mais ousado da inovação presente em *Zumbi*. No decorrer da peça, todos os atores podem fazer todos os personagens, que o espectador deverá reconhecer pela palavra, pelo gesto, pela postura, além dos índices oferecidos pela música e pela iluminação. Por exemplo, o rei Zambi tem um discurso sempre majestoso, seja pelo conteúdo, seja pela inflexão. Quando fala, é do alto, em postura ereta, destacando-se entre os demais, que permanecem ajoelhados. Sobre ele incide um foco de luz azul-escura, a mesma que passará a incidir sobre Ganga Zumba quando este renova o Zumbi.

A desvinculação ator/personagem tem uma função importante: através dela busca-se um desempenho épico e um caráter coletivo para a narração, sob dois aspectos – por um lado, o personagem deixa de ser um indivíduo para mostrar-se como integrante e representante de um grupo social; por outro, com os atores fazendo (narrando) todos os personagens, procura-se uma interpretação coletiva regida por uma única perspectiva: "O Arena conta a história..."

A prática da desvinculação não foi inventada pelo Arena. Augusto Boal, ao referir-se posteriormente a essa técnica, aponta-lhe antecedentes no teatro grego, no qual "dois e depois três atores alternavam entre si a interpretação de todos os personagens constantes no texto", utilizando máscaras; na peça *A Decisão*, de Brecht; e em *Histórias para Serem Contadas*, do argentino Oswaldo Dragun[6]. Boal não o diz, mas a desvinculação figura entre as lições brechtianas. Brecht propõe o emprego da técnica nos ensaios de modo a se construírem coletivamente os personagens[7].

---

6. A. BOAL, "A Necessidade do Coringa", in *Arena Conta Tiradentes*, ed. cit., p. 24.
7. B. BRECHT, "Pequeno Organon Para o Teatro", in *Estudos Sobre Teatro*, Lisboa, Portugália Editora, s/d, p. 198.

Se não é uma invenção, é sem dúvida um achado para o Teatro de Arena. Além de atender à procura de uma interpretação coletiva, a desvinculação, assim como a máscara no teatro grego, resulta altamente econômica, respondendo de modo eficiente e original a problemas enfrentados pela Companhia: *Zumbi* é a história de um movimento de massas, cuja representação exigiria, normalmente, um grande número de atores. Isso seria inviável diante das dimensões reduzidíssimas do palco da Rua Teodoro Bayma, bem como da precária situação financeira do grupo, que impedia a manutenção de um elenco numeroso. Desvinculando-se ator e personagem, os grandes grupos que interferem no enredo são reduzidos a oito atores. Os efeitos que seriam alcançados pelo deslocamento de massas são substituídos por uma intensa movimentação que se revelou, mesmo em palcos maiores (tive a oportunidade de ver *Zumbi* levada em um ginásio de esportes) eficiente para traduzir a idéia de movimento coletivo que o texto supõe.

Parte do que a crítica registra como negativo em Zumbi pode ser decorrência não de deficiências casuais, mas exatamente do cálculo imposto pelo projeto ambicioso de realizar um grande espetáculo épico com bem poucos recursos.

Assim é que à redução do número de atores correspondente a redução dos traços dos personagens e dos elementos do conflito. Opera-se uma generalização que tudo reduz a algumas oposições julgadas essenciais. A peça articula-se em torno da oposição básica entre opressores e oprimidos, representados pelo enfrentamento entre o Negro e o Branco, que, por sua vez, se alimenta das dicotomias Bem/Mal ou Positivo/Negativo.

Do lado dos oprimidos e da luta pela liberdade alinham-se a bondade, a sinceridade, o trabalho, o desejo de paz. Do lado dos opressores estão a malícia, as palavras de sentido oculto que a peça desvela, a traição, a violência.

O conflito é, sem dúvida, esquemático e o resultado merece bem a censura que lhe é feita, de veicular uma visão maniqueísta. Mas a esquematização atua em favor da eficiência do espetáculo — basta uma só mudança de "máscara" para se passar de um pólo a outro, uma vez que inexistem gamas intermediárias. Por trás de um espetáculo que "de tudo usou um pouco" e que sugere, à primeira vista, a multiplicidade, está um discurso muito econômico onde todos os significantes são distribuídos de forma binária.

Os personagens que integram um ou outro lado do conflito

são, desse modo, facilmente indentificáveis: os negros são figuras sempre carregadas de simpatia e dignidade; o inimigo será sempre caricatural, grotesco e, em casos extremos, repugnante, tal como devia ser a caracterização do bandeirante Domingos Jorge Velho, de acordo com o roteiro da peça:

> Seu comportamento tem que ser o mais repugnante possível: tira sujeira do nariz, coça o sexo, cada vez com mais intensidade, esfrega o ouvido, etc.[8].

Um segundo aspecto inovador em *Zumbi* é a ausência de unidade de estilo. Cada cena é concebida como isolada e pode eleger, para atingir os seus objetivos de expressão, qualquer gênero, do farsesco ao lírico. E ainda aqui se repete uma distribuição que respeita as dicotomias anteriormente estabelecidas: reservam-se aos negros os gêneros chamados altos, o poético; aos brancos restam a paródia, a comicidade decorrente da inadequação entre palavra e gesto, o desvio de comportamento, o prosaico.

O rei Zambi é, quase todo o tempo, personagem de tragédia, herói que enfeixa em si o destino de seu povo, sucumbindo diante de forças terríveis, muito superiores a sua humana limitação. O castigo que recebe é o de não avistar a "terra da amizade", para a qual conduzia o povo de Palmares. Não morrerá como Moisés, no limiar da Terra Prometida, pagando a culpa de ter duvidado. Sua falha foi, ao contrário, ter acreditado demais e com isso ter levado o quilombo a um impasse. Zambi suicida-se e essa morte é ao mesmo tempo a expiação do erro e a precipitação de todos os quilombolas na catástrofe que coroa seu destino de lutar, de resistir até o fim, sabendo-o inexorável.

Para compor os quadros da tragédia não faltam pormenores tais como as falas poéticas, quase sempre em versos, do rei Zambi, e o contraponto do coro. Não falta mesmo a imprecação ao deus funesto, o dono das riquezas, que mora nas estrelas, num dos mais belos momentos do espetáculo, a Ave Maria, onde se casam o cristianismo e os ritos africanos. Esta rogativa constrói-se de forma que, através da aparente ação de graças e contrição, afirma-se o valor das coisas terrenas, do orgulho, da rebeldia:

AVE MARIA

> ZAMBI: Ave Maria cheia de graça. Olorum
> é convosco
> Bendito é o fruto de vosso ventre.

8. *Arena Conta Zumbi*, roteiro, nota 82, p. 58.

              Bendita é a terra que plantamos
              Bendito é o fruto que se colhe.
CORO: Ave Maria, bendito seja
           Ave Maria cheia de graça, Olorum.
ZAMBI: Bendito é o trabalho neste campo
            Bendita é a água que se bebe
            Bendita é a mulher de quem se gosta
            Bendito é o amor e nossos filhos.
CORO: Ave Maria cheia de graça
           Ave Maria bendito seja, Olorum
ZAMBI: Bendita é a palmeira, o rio, o canavial
            Bendito é o peixe que se come
            Bendito é o gado que se come.
CORO: Ave Maria cheia de graça
           Ave Maria, bendito seja Olorum
ZAMBI: Bendita é a caça e a flecha
CORO: Ave Maria, bendito seja
ZAMBI: Bendita é a enxada e a semente
CORO: Bendita seja, cheia de graça, Olorum

ZAMBI: Perdoai os nossos erros
CORO: Ave Maria cheia de graça
ZAMBI: Perdoai, Ave Maria
            Perdoai a morte que matamos
            O assalto, o roubo,
            Perdoai, perdoai Ave Maria
CORO: Ave Maria cheia de graça
           Perdoai, Ave Maria, Olorum.
ZAMBI: Perdoai o nosso orgulho.
CORO: Perdoai, Ave Maria.
ZAMBI: Perdoai a nossa rebeldia
CORO: Perdoai, Ave Maria.
ZAMBI: Perdoai a nossa coragem
CORO: Perdoai, Ave Maria.
ZAMBI: Perdoai a fuga do cativeiro
CORO: Perdoai, Ave Maria.
ZAMBI: Perdoai as nossas dívidas
CORO: Perdoai, Ave Maria.
ZAMBI: Perdoai-nos Ave Maria. Assim como
           nós perdoamos os nossos senhores.
CORO: Perdoai, Ave Maria
           Ave Maria cheia de graça
           Olurum, Amém, Amém, Amém (pp. 35-36).

Os brancos são, em linhas gerais, personagens de uma farsa que se vale de todos os recursos do ridículo para, a cada momento, espatifar-lhes as aparências. Ironia, paródia, deboche, marcam as cenas em que se trama sua imagem desprezível.

Domingos Jorge Velho apresenta-se com laivos de vilão de melodrama. Não se economizam palavras e sestros para sublinhar o sinistro deste personagem capaz de todas as abjeções.

Embora com muito menor freqüência, o humor também aplica-se às cenas dos negros. Trata-se, porém, da piada inocente, espontânea, sem intenções agressivas. É, inclusive, em uma das cenas, literalmente, a graça da martelada no dedo. A malícia só se insinua no lamentável tratamento do tema das relações sexuais, talvez por inconsciência de seu sentido deletério, talvez pela ânsia desajeitada de esbater o aspecto demasiado utilitário, reprodutor, que no contexto, se reserva à atividade sexual. O fato é que tal deslize dificilmente seria percebido na época como muito negativo.

Temos, portanto, uma comicidade que provoca simpatia oposta à comicidade do desmentido, do distanciamento, que surge sempre que se trata de representar o inimigo.

Se na composição de cada cena optou-se pela pluralidade de gênero e estilo, ainda que obedecendo a uma organização dual, o espetáculo em seu conjunto enquadra-se em um gênero definido. Trata-se de um musical e, ainda sob este ângulo, de uma inovação, até mesmo por ser, entre nós, o primeiro aproveitamento do gênero para um espetáculo de preocupações nitidamente políticas. Conforme Maria Helena Kühner:

> Libertação e renovação são já tônicas do século, mas para quem sofre na pele os problemas do colonialismo e da ditadura, adquirem ênfase ainda maior. E vão se expressar não só em peças em que a libertação, em todas as suas formas, é a própria raiz temática (*O Santo Inquérito*, *Arena Conta Zumbi*, *Arena Conta Tiradentes* etc.), como dando origem a uma das tendências mais interessantes da atualidade: o teatro musical, que assume feição muito própria nossa, totalmente diversa da comédia musical americana, por exemplo. Teatro musical que surge, assim, integrado em uma tradição de "revista popular" – em que a crítica social e política, embora simplista e ingênua, visa à situação do momento – como também na literatura popular, na tradição oral, em que os cantadores e autores se prendem igualmente, dentro de uma temática variável, a uma crítica circunstancial, geralmente sob forma, em ambos os casos, de piadas e anedotas[9].

Realmente desponta no espetáculo do Arena o espírito da revista musical, ainda de grande popularidade no Brasil entre as décadas de trinta e cinqüenta, já pelo humor que decorre, em grande parte, da alusão a costumes e a acontecimentos próximos. Como na revista, a crítica se reduz freqüentemente ao nível da piada. A peça inclusive contém quadros que parecem não contribuir em nada para ampliar seu sentido, mas tão-somente oferecer um momento de humor descontraído, malicioso, debochado.

É o caso da cena em que se reproduz o diário de viagem

---

9. M. H. KÜHNER, *Teatro em Tempo de Síntese*, Rio de Janeiro, Editora Paz e Terra, 1971.

do capitão João Blaer, comandante de uma das primeiras expedições Palmares. A seqüência das notícias contidas no diário deve ser interrompida, em cena, por uma lista de "cacos oficializados" (*sic*), na distribuição seguinte:

DIÁRIO DE VIAGEM

CAPITÃO – Partimos no dia 1º (I)
No dia 2 topamos com um monte chamado Elinga (II). Ali caminhamos duas milhas e topamos com o rio chamado Sebauma, onde os nossos índios fisgaram muitos peixes chamados Tairairais.
– No dia 3 topamos com o monte chamado Tamala onde pernoitamos (III).
– No dia 4 topamos com um antigo engenho por nome São Miguel (IV) caminhamos uma milha pequena quando topamos com alguns mundéus (V) isto é armadilhas de pegar caça, as quais estavam porém vazias, Mandamos nossos índios examinar se por ali havia pegadas de negros.
– No dia 5 topamos com um grande pássaro chamado Enijima (VI) que em nossa língua quer dizer (VII) Pássaro de Chifre (IX). O capitão dos nossos índios o abateu com uma flecha e jantamos bem.
– No dia 6 continuamos em vão a caçada dos negros.
– No dia 7 topamos com um monte chamado Taipou (X)
– No dia 8 topamos com o rio Segoú (XI).

CACOS OFICIALIZADOS

I – Oh captain, my captain
II – J'adore les tropiques
III – Foi lá que se deu o crime da mala?
IV – Pour nous les français, c'est Saint Michel.
V – Qu'est que c'est bundéus?
– Eu disse mundéus, com M de ...
– Mon Dieu!
VI – Quer parar? (Afrescalha de vez porque todos falam e não prestam atenção (bicha mesmo)
– Continuez s'il vous plait!
VII – Não sei se deva
– Deva! Deva!
IX – Comme le diable: un oiseau avec le corne!
X – Escreve-se Taipou, mas lê-se Taipou (em inglês).
XI – Son cul!

Esgotada a lista dos "cacos", a cena prossegue, assimilada a mesma espécie de comicidade à própria leitura do diário:

– No dia 10 topamos com os rios Parangabo, Parungabo e Paraíba.
– No dia 11 topamos com o monte Itabaúma.
– No dia 12 topamos com os negros (PAUSA)
Cada negro!
Caminhamos toda a madrugada e no dia 13 estávamos de volta ao nosso povoado. Derrotadas (pp.40/41).

Contribuições da cultura popular ressoam na figura do

cantador e nos metros da cantiga nordestina que servem de suporte para a narração:

> CANTADOR:
> Numa dessas má viagem
> vinha bom carregamento,
> negro de real linhagem
> num terrível sofrimento
> Ganga Zona aprisionado
> fala a alguém do seu tormento (p. 37)

O cantador introduz as cenas resumindo-lhes o conteúdo. Sua função é tanto de sublinhar o caráter narrativo da peça, quanto de orientar o espectador.

As tradições populares, no entanto, não presidem à concepção do plano geral do espetáculo. *Zumbi* não se identifica, enquanto projeto, com a crítica simplista e ingênua ou episódica. Aqui o circunstancial é inserido em uma fábula que quer transcender o momento e se dirige, mais do que à crítica, que é apenas um de seus componentes, à análise política.

O humor, apenas uma das facetas da peça, só eventualmente sugere a gratuidade ou o sentido de "correção dos costumes". As intenções do Arena são sobretudo didáticas. Conforme dizem Boal e Guarnieri no programa da peça, o Arena se propõe a

> contar uma história que tem moral escondida. Uma história que, esperamos, vai ajudar todo o mundo a entender melhor as coisas ocorridas e as que estão ocorrendo. Que deve ajudar todo o mundo a ver com maior clareza.

O musical do Arena, antes de filiar-se a tradições populares nossas, inscreve-se, como versão brasileira, na linha de um teatro de propaganda política em cuja ponta estão as atividades do *proletkult* soviético, que atinge sua realização mais acabada com o Teatro Proletário de Erwin Piscator e, ultrapassando o imediatismo da arte de agitação e propaganda, alcança a universalidade na obra de Bertold Brecht.

Coincidências entre formulações teóricas de Augusto Boal e outras de Brecht e Piscator permitem concluir que sua influência se faz presente no pensamento que dirige o Teatro de Arena.

No que agora nos interessa, ou seja, o espetáculo, basta acentuar, além da intenção didática que seguramente paga tributo às concepções internacionais do teatro político, a forma geral da representação que pode perfeitamente ter-se inspirado, ainda que com mediações, na revista política de Piscator.

Em *Zumbi*, como naquelas criações do Teatro Proletário, o

tema ancora-se no imediato, na discussão de questões políticas do momento, sendo um acontecimento real e particular investido de caráter exemplar. Existem ainda semelhanças de estrutura, particularmente quanto à composição da peça em seqüências breves em que se alternam o riso e a emoção.

Personagens estereotipadas ou caricaturais, a divisão do conflito em dois blocos que coletivamente e de forma nítida se opõem, sem que nenhum personagem central dê ensejo à ação ou dela se beneficie, já aparecem em Piscator, por exemplo em *A Hora da Rússia*[10].

O emprego de recursos tais como projeções e documentos também faz pensar um pouco no teatro épico de Brecht e muito nas soluções encontradas por Piscator, talvez o primeiro a "de tudo usar um pouco" em função da eficiência do efeito político.

A figura do cantador supre as funções do narrador e dos títulos do teatro brechtiano, que tinham aparecido, em sua forma pura, na peça de Boal, *Revolução na América do Sul*.

Aquilo em que *Arena Conta Zumbi* mais sinceramente adere ao popular e, sintomaticamente, afasta-se das intenções didáticas, é na composição musical. A canção, o samba, os ritmos negros dos ritos de umbanda, nem pelo fato de serem interpretados por atores sem dotes musicais perdem seu efeito de envolvimento do espectador pela pura sensibilidade. Ainda assim, ela serve a uma forma de didatismo, que talvez seja o conceito de ensino característico do Teatro de Arena. O espetáculo quer, sob todas as formas, provocar uma conduta determinada no espectador. Este deve aderir à poética saga dos negros, empunhar a bandeira da continuidade de sua luta e repudiar aquele inimigo, monstruoso pela violência, mas distanciado e relativizado pela força do humor.

Talvez seja até ocioso encarecer que também na distribuição da música se repete a dualidade que orienta a peça. Nenhuma das belas composições de Edu Lobo serve à construção do mundo dos brancos. Do lado dos oprimidos estão os gêneros musicais mais populares e brasileiros, aqueles que se tomam por autênticos e em cuja execução transparecem a sinceridade e a emoção.

Na representação dos brancos entram dois tipos de efeito

---

10. Cf. descrição de J. LORANG, "Preludes a L'agit-Prop", in *Théâtre Anneés Vingt*, Le théâtre d'agit-prop, tome II, Lausanne, La Cité-L'Age d'Homme, 1978.

musical: o hino paródico, através do qual revelam seu pensamento, como a canção dos "brancos comerciantes", ou o iê, iê, iê, que se dança na cena da "conquista da opinião pública" e que tem o duplo efeito de aludir ao entorpecimento da referida opinião e de desmentir a solenidade dos propósitos enunciados pelos brancos.

Interessante observar que os autores recusam o iê, iê, iê, a música jovem internacional, certamente muito comprometida com o consumo de massas, mas não desprezam outros índices igualmente internacionais da rebeldia jovem, que entre nós não tinham sido ainda inteiramente absorvidos pelo mercado. Referimo-nos especificamente ao figurino: a camiseta e a calça americana, distintivo da juventude do *rock*, vagamente em oposição à sociedade de consumo. O espetáculo do Arena foi um dos incentivadores dessa moda que começava a "pegar" e, mais do que contestação, era, no Brasil, um sinal de *status*. Esta é, porém, apenas uma das pequenas contradições de *Arena Conta Zumbi*.

As grandes contradições começam pela escolha e distribuição dos gêneros. Parece adequada a eleição da tragédia, num de seus sentidos, como gênero predominante para representar o ponto de vista do Negro. Até por respeito aos fatos históricos, a peça podia aceitar sua derrota como inevitável.

Ao Arena interessa, porém, mostrar os fatos não como resultado da fatalidade, mas limitados historicamente e, assim, reversíveis. A solução para levar ao espectador essa consciência foi fazer com que Zambi rompesse os limites do gênero e manifestasse o conhecimento de uma falha, não trágica, porém histórica. Este momento é, aliás, o único em toda peça em que se admite algum tipo de superioridade do inimigo. Diz Zambi, exprimindo-se finalmente de forma prosaica: "...Aqueles sacana, filho, tem seu gunverno, gunverno de safadage, mas tem seu gunverno!" (p. 49).

O rompimento, porém, limita-se a esta cena. Os heróis de Palmares, após a lição de Zambi, continuam a agir como se enfrentassem o inexorável. Os quilombos marcham para o último sacrifício na crença de atenderem a desígnios superiores à vontade humana:

CANTADOR 2:
Ódio tomou conta das mata.
Só grito e dor lá se encontrava.
Morte, doença e aflição,
era só o que contava.
Num quilombo mais distante

negro pregador afirmava
ser Ganga Zumba enviado
desse Deus que o povo amava.

CANTADOR 3:
A luta de morte e decisão
que o rei Ganga ordenava
era determinação
desse Deus que assim mandava (p. 41).

Tudo estaria bem se a peça terminasse por aletar o espectador contra tal cegueira e a acentuasse como um dos erros a serem evitados. Mas não, ela nos exorta a prosseguir o mesmo combate na escuridão que arrasou Palmares. Novos deuses, propostos pela peça, "Liberdade" e "Terra da amizade", o exigem.

A excessiva cumplicidade do Arena como os derrotados refletiu-se, na estruturação do espetáculo, em impasses como esse. Todos os gêneros e estilos aplicados à representação do Negro são tomados a sério, com irrestrita sinceridade. Romper de modo muito ostensivo com as convenções escolhidas exigiria nesse caso - ou redundaria em - uma postura mais crítica que a peça não alcança ou se recusa a alcançar. No cômputo final a luta proposta pela exortação aparece não como um meio, mas como algo cujo sentido está encerrado em si próprio: "... lutar afinal é um modo de crer, é um modo de ter razão de ser" (p. 54).

É mais funda a ferida. Lembremos aqui algumas palavras de Décio de Almeida Prado sobre o espetáculo:

Arena Conta Zumbi é uma história narrada sem nuances, apenas em preto e branco - mas com as cores trocadas. Os negros têm o alvor das asas dos anjos: constroem um paraíso de pujança econômica, de justiça social, e ainda por cima com deliciosos toques de erotismo. A fórmula perfeita: o trabalho livre e o amor livre. Em compensação a alma dos brancos é do negror das trevas de Satanás: arrasam, pilham, esfolam, roubam, matam. Os pretos são valentes, fortes, líricos, sensuais. Os brancos são decrépitos, adamados, pernósticos, ridículos. Supreendentemente os brancos vencem. Deve haver alguma coisa que não foi bem contada[11].

Algo soa falso na peça que concebe Negros e Brancos como dois mundos paralelos, merecedores de tratamento absolutamente distinto. O fato é que, por mais que pretendam os autores tornar magnífica a luta libertária, esta se diminui quando o povo heróico enfrenta personagens de farsa, vilões de melodrama. Não existe um terreno comum no qual as diferentes realidades possam ser medidas. As pretensões políticas esbar-

11. D. de A. PRADO, "Arena Conta Zumbi", *O Estado de S. Paulo*, 09.05.1965.

ram, de repente, num vazio em que a afirmação da validade da luta se faz mera ideologia. Demagogia, diz Décio de Almeida Prado.

Estilisticamente da peça se resolve em tragicomédia e seus resultados fazem lembrar as considerações de Eric Bentley sobre uma realização do gênero:

> Que acontece quando um artista é ao mesmo tempo cômico e reformador? Um exemplo – duplamente relevante porque sua intenção foi, obviamente, a tragicomédia – é *O Grande Ditador*, de Charles Chaplin. A "peça" termina com um apelo à assistência para que faça alguma coisa a respeito de Hitler, mas esse apelo não está mais organicamente relacionado com a tragicomédia do que os apelos moralistas à lei e à ordem que costumam ser adicionados a filmes de *gangsters* como Scarface. Talvez devêssemos encarar o final da tentativa de Chaplin de reintegrar na arte o *deus ex machina* – cujo equivalente moderno é um apelo à *vox populi*. O filme, em seu conjunto, depende do humor. Existe uma piada – existe uma tragicomédia – no próprio ato de Chaplin imitar Hitler. É a piada do menino que se coloca diante da tribuna do orador imitando seus esgares. Tem de ser um menino ou então não há piada: essencial é o contraste entre o poder real e o poder fingido. O poder é ridicularizado, sem dúvida; e pode suportá-lo. Mas também é assinalada a impotência da mímica.
>
> Mesmo que o apelo ao público não fosse deixado para o final, a própria tragicomédia não poderia integrar-se com a intenção transformadora. Semelhante tragicomédia não marcha no sentido da transformação do mundo. É em si mesma uma adaptação ao mundo, uma maneira de viver com Hitler. É o humor dos homens pequenos que há milênios vêm negaceando e arremedando os "grandes", assim exprimindo e esgotando seus ímpetos revolucionários. A expressão "sorria" e "aguente" diz tudo. É o sorriso que nos habilita a aguentar. Uma vez mais, o humor dos presidiários: semelhante humor não é um escape para a agressão sem finalidade. A finalidade é sobrevivência: aliviar o fardo da existência a um ponto tal que possa ser suportado. Evidentemente, existem muitos aspectos do fenômeno. O humor num campo de concentração não ajudará ninguém a sair. Contribui apenas para fazer que se aceite o internamento. Mas ao fazê-lo, poderá ajudar a manter o corpo e a alma unidos contra o dia em que a saída será possível...[12].

Se cobrarmos a *Zumbi* as intenções expressas no programa, de esclarecer os acontecimentos, bem pouco restará a seu favor, principalmente se em nome dos recursos épicos contidos na peça esperarmos dela uma postura racional que suscite uma reação do mesmo nível no espectador. O espetáculo, na verdade, persegue uma dupla catarse – pelo terror e pelo riso.

Arena Conta Zumbi é a primeira representação e análise, pelo teatro, dos acontecimentos de 1964. A dor é ainda muito recente. É compreensível que se cumpra a função, menos de concitar à busca de saídas do que de resguardar os derrotados de um desespero que lhes minasse a resistência.

Nesse sentido a peça já seria bastante oportuna. Novamente como ocorrera com a montagem de *Eles Não Usam*

---

12. E. BENTLEY, *A Experiência Viva do Teatro*, Rio de Janeiro, Zahar Editores, 1967.

Black-Tie, soube-se captar uma expectativa do público, uma necessidade do tempo e dar-lhe forma artística. Só que agora esse movimento é bem menos inconsciente. O grupo já congregava em torno de si um público jovem, participante, cujos anseios e problemas o Arena podia conhecer muito bem, uma vez que entre eles não havia distâncias. Viviam juntos, pode-se dizer que até geograficamente juntos, sendo todos, de um modo ou outro, gente da Consolação, gente que compartilhava do mesmo universo social e cultural e que fora, em maior ou menor grau, afrontada pelos acontecimentos de 1964.

Em certo nível, o espetáculo será capaz de oferecer uma resposta adequada a essa afronta. A repressão que se eleva na esteira do golpe não ameaça apenas as atividades políticas, mas toda uma forma de vida, toda uma cultura moderna e ativa que se engendrara nos anos anteriores. Um dos sentidos de *Zumbi*, e no qual a peça é bem-sucedida, está na reação que constrói contra uma tal força obscurantista.

A esse propósito vêm servir o desrespeito com que se tratam os textos e personagens históricos, a caracterização do inimigo com traços de boçalidade e decrepitude, o figurino que impõe um modelo que serve à contestação jovem. Não é gratuito o humor grosso como o dos "cacos oficializados" que transcrevemos. São elementos que se somam ao ritmo frenético, à exibição da plasticidade dos corpos, à simplicidade das canções, no vitupério a uma ordem rançosa e na afirmação de padrões novos.

Retomemos ainda uma vez o depoimento de Guarnieri sobre o clima em que se engendrou a peça: "Todo mundo rompendo coisas até no nível pessoal, e todo mundo buscando coisas novas. Época de euforia e alegria mesmo"[13].

Comprimida pela repressão, toda a comunidade de que o Arena faz parte vai-se estreitando, aglutinando-se e se descobrindo: uma geração só igual a si mesma, sem pontos de contato com o mundo tacanho que a quer sufocar. Da alegria da autodescoberta e da revolta frente às imposições parte o grito que dá sentido ao descabelamento de *Zumbi*.

Atenta a seu tempo, a peça, internamente, traduz a reagrupação desordenada de forças que então se processa pelo revezamento anárquico de papéis, pela movimentação frenética que se debate em todas as direções e em nenhuma definidamente, a

---

13. Entrevista a F. Peixoto, ver nota 8, Parte 1.

não ser aquela por onde se defrontam, encontram e acumpliciam atores e público. Derrubam-se as paredes invisíveis entre palco e platéia, num convite à participação comum em sentimentos de revolta e esperança, na metáfora da derrubada de outras paredes que cerceiam a ação.

O sentido da crise e da rebeldia estende-se ao atrito contra os limites do teatro. A fábula, frágil composição em torno de um estímulo musical, ameaça dissolver-se em um roteiro mínimo sobre o qual se realizem improvisos. Os significados brotam menos do texto que dos sentimentos e idéias suscitados pelas vivências comuns de autores, atores e público.

Misturam-se os tempos; o amálgama de presente e passado cria o tempo-nenhum dentro do qual é possível a vivência coletiva. O espetáculo se reveste de sentido ritual que tende à criação de outra realidade, a qual, no espaço do teatro, resgataria os participantes da negatividade a que estão historicamente submetidos. Fura-se a realidade e dá-se partida para a grande viagem coletiva pela luz, pelo som, cor e ritmo, para fora da escuridão, até que ela seja rompida pelo dia anunciado na peça e nas canções da época: "Venha ser feliz", conclama a música com que se fecha *Arena Conta Zumbi*.

Se o efeito do espetáculo era em grande parte catártico e o ritual que unia atores e público criava um espaço capaz de defendê-los da negatividade, sua magia não era exatamente aquela que dá o sono profundo, alienador, e nos guarda em caixões de vidro à espera de que se rompa o encanto. Menos por aspectos materiais e duradouros da peça do que pelo clima que criava, *Zumbi* permitia, por instantes, de forma visionária, a consciência de uma identidade, a vivência da alegria, do bem-estar possível em uma terra da amizade que, assim vislumbrada, se fazia a estrela pela qual valia a pena empenhar-se, pela qual se tinha renovada ânsia de lutar.

Parte 4. TEMPO DE ORGANIZAÇÃO

> ...*a tarefa nossa é esperar que uma verdade aconteça, nossa tarefa é descobrir novas verdades, todos os dias... acho que vocês perderam a arma principal: a dúvida.*
>
> ODUVALDO VIANNA FILHO, *Rasga Coração*

FICHA TÉCNICA

Arena Conta Tiradentes

Texto de: Augusto Boal e Gianfrancesco Guarnieri.
Elenco: Gianfrancesco Guarnieri, Renato Consorte, David José, Jairo Arco e Flexa, Sylvio Zilber, Cláudio Pucci, Dina Sfat, Vanya Sant'Anna.
Cenários e Figurinos: Flávio Império.
Músicas de: Theo Barros, Sidney Miller, Caetano Veloso, Gilberto Gil.
Iluminação: Orion de Carvalho.
Direção musical: Theo Barros.
Direção: Augusto Boal.
Estréia: 21 de abril de 1967
Teatro de Arena de São Paulo

VAMOS AO TEATRO

TEATRO — DIVERSÕES

Ingressos também na Casa do Espectador — Rua 7 de Abril, 127 — Loja 3 — Telefone 32-09...

SEMANA POPULAR
TODOS OS DIAS ÀS 21 HS.
POLTRONAS NCr$ 2,00

SANDRO e MARIA DELLA COSTA, vão a Porto Alegre, atendendo ao convite da Secretaria de Turismo, por esse motivo apresentarão a ÚLTIMA SEMANA da goradíssima comédia

Maria Entre os Leões
Com MARIA DELLA COSTA - ZELONI e SEBASTIÃO CAMPOS

TEATRO MARIA DELLA COSTA
R. Paim, 72 - Tel. 34-4777 - Ar condicionado
[...] Sábado às 20 e 22.30 h. — Preç. NCr$ 2,00

PRODUÇÕES RABBATH
TROFÉU O MELHOR EMPRESÁRIO
APRESENTA A FABULOSA REVISTA

FON FON... TEM ELAS
De Luiz Felipe de Magalhães, com a estrelíssima
MARLENE GONÇALVES

Lilico Show — Artur Miranda — Celeste Aida — Cheirinha — Marcos Lander — Celeste Far — Angela Grey — Suzy — Yury Cavier — Tania Mara — Roberta Di Carlo — Rosana — Alice — Eloisa — Renata — Mirna e Darcy — O cantor Oswaldo Frederico e os "Travestis" Eloisa e Nubia — O MAIOR ELENCO DO BRASIL!

HOJE às 20.30 e 22.30 hs. — 5a.-feira vesperal às 16.15 hs. a preços reduzidos.

TEATRO NATAL
Pça. Júlio Mesquita, 73 - T.: 35-2377 - Ar condicionado

8.º MÊS DE SUCESSO

A INFIDELIDADE AO ALCANCE DE TODOS

com RODOLFO — ROSAMARIA — GLÓRIA — CUOCO — ALTAIR — PROCÓPIO
HORÁRIOS: Diariamente 21 horas
Sábados 20 e 22.30 horas
Domingos 17 e 21 horas

Teatro Brasileiro de Comédia
Rua Maior Diogo, 315 — FONES: 34-4438 ou 32-9912

TODOS OS
Estudantes e Professores
DA CAPITAL E CARAVANAS DO INTERIOR TEM O DIREITO DE ASSISTIR

Arena Conta Tiradentes
PAGANDO ETC. DEVEM, PORÉM, RESERVAR SEUS INGRESSOS COM ANTECEDÊNCIA. ORGANIZEM SEUS GRUPOS EM ESCOLAS, COLÉGIOS OU FACULDADES E TELEFONEM PARA 35-7973. NÃO TELEFONEM JÁ, COMO O TEMA É DO MAIOR INTERÊSSE E O TEATRO DA MAIS ALTA QUALIDADE, TODOS QUEREM VER E MUITOS JÁ TELEFONARAM, POR ISSO, NÃO SE DEMORE.

R. TEODORO BAYMA, 94
(Em frente à Igreja da Consolação)

TEATRO SANTANA
R. Amador Bueno - Esq. av. Ipiranga - Tel. 33-6931
É permitido traje esporte
TODOS OS DIAS
POLTRONAS NCr$ 2,00
(Dois cruzeiros novos) ou Cr$ 2.000 (dois mil cruzeiros antigos). O preço é o mesmo, mas o espetáculo É O MELHOR
HOJE — SENSACIONAL — HOJE

VARIEDADES J. MAIA N.º 47
Com a volta da estrelíssima JANETE SOARES
Do meio-dia à meia-noite sem repetir
Pague um ingresso e assista 12 fabulosas revistas com 12 Sensacionais Strip-Teases.
DIA 30 — às 24 hs. — Espetáculo em homenagem aos 30 ANOS DE TEATRO de J. MAIA

TEATRO IDA

AGORA REUNIDOS NUM SÓ ESPETÁCULO, A VERDADE, A VIOLÊNCIA E A CRUELDADE. VOCÊ AGUENTA?
HOJE: 21 HORAS

DOIS PERDIDOS NUMA NOITE SUJA
de Plínio Marcos
e

ZOO STORY
de Edward Albee
R. Augusta, 2.353 - (Entre Al. Itu e AL. Franca). Reservas: 32-6907 e 80-6345.

---

prestigiem tôdas as manifestações culturais.
há música em tôda parte, em diversos espetáculos.

mc-juventude de são paulo

FINALMENTE HOJE NO
TEATRO DE ARENA

"Farsa de Cangaceiro com Truco e Padre"
de Chico de Assis
Apenas alguns dias
HOJE ÀS 21 HORAS
TEATRO DE ARENA
R. Teodoro Bayma, 94
RESERVE JÁ: 35-7973
Estudantes: 50%

BOA TARDE EXCELÊNCIA

com Nicette Bruno — Paulo Goulart
— Lutero Luís
Reservas 33-0161
HOJE às 21 horas — Estudantes 50%
TEATRO CACILDA BECKER
Av. Brig. Luís Antônio, 917 - Ar condicionado

CLAUDIO PUCCI interpreta:
Claudio M. da Costa, Domingos de Abreu Vieira, Padre Carlos de Toledo, Cônego Luís Vieira, Sargento Oliveira Lopes, soldado José Alvares Maciel, e ainda entra no côro de

ARENA CONTA TIRADENTES
de Boal e Guarnieri
ESTRÉIA: 21 DE ABRIL
Estudantes: Reservem já: 35-7973

TEATRO DAS NAÇÕES
Av. São João, 1737 — Fone 53-4958
ÚLTIMOS 6 DIAS
33 mil pessoas já assistiram e aplaudiram da pé a maravilhosa comédia, com 54 representações, de

"O FILHO DO SAPATEIRO"
COM 97% DE ÓTIMO e BOM na Bolsa do Teatro. Também aclamada pelos críticos.
Produção de Eduardo de Andrade, apresentando

"TOTÓ" E SUA CIA. DE COMÉDIA
NÃO PERCAM — VENHAM RIR
Diariamente às 21 horas. Sábados às 20 e 22 horas. Domingo Vesperal às 17 horas e a noite às 21 horas. Preço NCr$ 3,00 — Estudantes NCr$ 2,00 — Censura livre

---

SANDRO e MARIA DELLA COSTA VÃO VIAJAR ATENDENDO AO CONVITE DA SECRETARIA DE TURISMO DE PORTO ALEGRE, POR ESSE MOTIVO APRESENTARÃO AO PÚBLICO DE S. PAULO UMA

SEMANA POPULAR PARA QUE TODOS POSSAM PAGÁVEL COMÉDIA

MARIA ENTRE OS
com MARIA DELLA COSTA, ZELONI e SEBA[STIÃO]

EXCURSÃO ASUNCION DEL PARAGUAY
VISITANDO: Curitiba, Vila Velha, Cataratas do Iguaçu, Lago de Itaipava e Asunción.
APROVEITANDO PARA COMPRAS DE ARTIGOS ESTRANGEIROS EM GERAL.

1. Um Teatro Militante: *Arena Conta Tiradentes*

A conspiração que ficou conhecida como Inconfidência Mineira é, talvez, entre os episódios da História Pátria aquele que mais impressiona a memória dos brasileiros, seja por figurar como o primeiro esforço organizado para libertar o Brasil do jugo colonial, seja pela dimensão que lhe conferiu a violenta repressão empreendida pela metrópole. Além disso, entre os conspiradores estavam vultos dignos de reverência por seu papel na formação da cultura nacional, grandes poetas do século XVIII, como Tomás Antônio Gonzaga e Cláudio Manuel da Costa.

Em meio aos grandes vultos, porém, a memória nacional irá destacar, e não sem motivos, um personagem que, até o momento de ser julgado e punido por sua participação no movimento, havia sido praticamente ninguém. Nem poeta, nem jurista, nem clérigo, o herói da Inconfidência, mártir da liberdade, foi um homem modesto, oficial do Regimento de Dragões, com o posto menos elevado – alferes – e, pode-se dizer, um trabalhador manual, espécie de dentista e enfermeiro prático, que passou à História com o feio apelido que lhe vem de seu ofício: Tiradentes.

É sobretudo a legenda do Alferes que tem falado à imaginação dos artistas. O mártir está perpetuado em pinturas, esculturas, poemas, peças e até em samba-enredo.

Destacando-se ou não o personagem heróico, a Inconfidência Mineira tem fornecido assunto a diferentes obras literárias entre as quais mencionaria com relevo o *Romanceiro da Inconfidência*, de Cecília Meireles.

Em teatro, o episódio foi representado, no Romantismo, através do *Gonzaga, ou a Revolução de Minas*, de Castro Alves, certamente a única peça que, embora retratando o heroísmo de Tiradentes, não lhe confere o papel de protagonista. O texto de Castro Alves ignora muito da verdade histórica e, assim, não pode revelar as contradições de comportamento dos inconfidentes, as quais acabam por minar boa parte do heroísmo que se pudesse ver em seu sonho libertário.

De acordo com a versão que nos é transmitida nos ensinamentos escolares, todos os inconfidentes se acovardam, negam sua participação, menos um, Tiradentes, que toma sobre si toda culpa. Um exame dos Autos da Devassa faz com que essa versão pareça muito atenuada: o Alferes assume a culpa que lhe é atribuída por vários de seus companheiros, durante os interrogatórios. As evasivas de que se servem alguns, como Gonzaga, e que parecem recheadas de pretensão; a atitude pusilânime de Alvarenga que denuncia a própria mulher, são dados que não constam de compêndios didáticos até mesmo porque tomá-los isoladamente, sem discutir as circunstâncias em que se dão os interrogatórios, com a possível parcialidade dos documentos oficiais do colonizador, podem levar a interpretações falsas. Não há, porém, diante da simples leitura dos documentos históricos, como escapar à idéia de que, entre os conspiradores de Vila Rica, só houve um coerente, um que levou até o fim, até a forca, a sua convicção.

Em nosso século, no final da década de trinta, a comédia histórica *Tiradentes*, de Viriato Correia, não deixará de mostrar as limitações dos inconfidentes, o comportamento ímpar do herói:

(...) Tivéssemos nós dez Tiradentes, dez homens da sua atividade, de sua destimidez e de sua sinceridade, que a esta hora já estávamos com a revolução realizada[1].

O autor apresenta ainda, pela boca da personagem Bárbara Heliodora, uma explicação para as insuficiências dos malogrados revoltosos. Diz Bárbara, referindo-se a Tiradentes:

Ele, de nós, é a única pessoa que tem a alma preparada para sentir a revolução, para fazer a revolução (...) porque é o único que sofre. É o único humilde. Os

---

1. V. CORREIA, *Tiradentes*, comédia histórica levada à cena no Teatro Municipal do Rio de Janeiro a 16.11.1939, Rio de Janeiro, MES/SNT, 1941, P. 16.

felizes e os poderosos não fazem revoluções. E esta revolução quem quer fazer são os poderosos e os felizes[2].

A Gonzaga que a interpela querendo que explicasse por que é, então, que eles, poderosos e felizes, estavam metidos na conjuração, responde:

> Por lirismo. Puro lirismo de poetas. Requinte de sibaritas. Com Tiradentes o caso é outro. Tiradentes é o símbolo do povo. Traz no peito a alma popular. É o único que, na realidade, sente a revolução. Talvez seja o único capaz de morrer por ela[3].

São, portanto, limitações relacionadas à origem, à formação, à situação social que aparecem como explicação para o triste procedimento das personagens.

Uma visão semelhante, embora trabalhada por conceitos políticos atuais, estará na base da versão musical que o Teatro de Arena compõe para a Inconfidência Mineira: *Arena Conta Tiradentes*, levada em 1967, peça que aprofunda a experiência efetuada em *Zumbi*, tratando de corrigir-lhe os defeitos.

Mais uma vez o assunto é, em tese, um acontecimento histórico, que se erige em modelo capaz de iluminar o presente. Para compor a peça, os autores valeram-se de pesquisa que vai da leitura de obras científicas e artísticas sobre a Inconfidência Mineira (há o cuidado de citar, no programa do espetáculo, a bibliografia) ao exame dos Autos da Devassa e visista aos locais onde se deram os fatos. Está ausente, contudo, afirma Augusto Boal, a preocupação de rigor científico. Admite-se inclusive a alteração dos fatos em nome do objetivo de "extrair dos acontecimentos um esquema analógico aplicável a situações semelhantes"[4].

Também aqui se toma um movimento libertário fracassado e se trata de examinar as razões do fracasso, mas agora com o cuidado de demonstrar que ele era perfeitamente evitável. Parte-se do pressuposto de que a Inconfidência Mineira, teoricamente, poderia ter sido bem sucedida: "melhores condições objetivas para uma revoiução dificilmente se encontram"[5]. Isto posto, o malogro só poderá ser atribuído a questões de ordem político-ideológica. Duas razões interdependentes são apresentadas: a composição do grupo pretensamente revolucionário e a não participação do povo no movimento. Com tal visão dos

2. *Id.*, p. 53.
3. *Id.*, p. 54.
4. A. BOAL, "Tiradentes: Questões Preliminares", Programa do espetáculo, Teatro de Arena de São Paulo, 1967.
5. *Id. ib.*

fatos, a peça distancia-se da irrestrita complacência presente em *Zumbi*. A crítica, em Tiradentes, estende-se aos derrotados.

Novamente é possível traçar paralelo entre os acontecimentos narrados e outros, datáveis do Brasil, anos sessenta. Assim os traduz Sábato Magaldi:

> Na perspectiva adotada pelos autores, o paralelismo se estabelece de maneira rigorosa, servindo para diagnosticar tanto as causas do malogro da Inconfidência como daqueles que dentro do Governo João Goulart e ou por intermédio dele, pretenderam subverter a estrutura antiga do país. Inconfidência palaciana seria o seu epíteto pejorativo, bem como os incitamentos revolucionários, feitos recentemente, sem a participação do povo, significariam um jogo de cúpula, destinado ao inevitável esvaziamento.
>
> As características dos governantes, nos dois momentos históricos, facilitaram o confronto, feito com espírito satírico e inegável habilidade. Em Cunha Menezes, governador em Vila Rica de Nossa Senhora do Pilar de Ouro Preto, alcunhado Fanfarrão Minésio, se fundem o desenvolvimentismo do Governo Juscelino Kubitschek (a Cadeia Pública é a obra fundamental da Colônia, como uma Brasília faraônica perdida nos confins da nova terra...) e a corrupção do Governo Adhemar de Barros, sob a égide de um clérigo caricaturado na frase sempre repetida: "O que pode a mão do homem com a ajuda de Deus!" ... De qualquer jeito, o progresso material desta parte do Atlântico, trazendo o enriquecimento de alguns habitantes privilegiados, não estava rendendo lucros à Coroa, e se impunha trocar o governador: o austero conde de Barbacena veio garantir os dízimos da metrópole, decretar a derrama e conter o desenvolvimento da indústria e do comércio, assim como se critica o Governo Castelo Branco por ter sufocado a economia nacional. Entenda-se Estados Unidos em lugar de Portugal, e se terá a imagem exata do que pretenderam os autores [6]. (121)

O confronto se faz, entretanto, de maneira mais rica, menos dependente que em *Zumbi* de alusões muito explícitas ao presente. Desse modo, a analogia abrange espectro mais amplo, podendo referir-se a procedimentos, no passado e no presente, típicos da exploração capitalista.

A construção da Cadeia Pública pode simbolizar a submissão sofrida pelo País no período colonial. Pode ainda remeter à sujeição imposta ao trabalhador na economia capitalista: aprisionado ao trabalho incessante (as obras da Cadeia Pública varam dia e noite), produz bens que vão enriquecer a outrem. De seu esforço, só restam para o operário a sobrevivência, havendo trabalho, e sempre a alienação. Cantam os construtores da Cadeia Pública:

> Pega a pá, há mais prá construir!
> Pedra em pedra novas obras vão surgir!
> As obras crescendo irão enriquecer,
> Ao Cunha Menezes e a quem souber vender.
> O povo também não tem nada prá perder:
> Havendo trabalho sempre sobra o que comer!

6. (121) S. MAGALDI, "Arena Conta Tiradentes", Suplemento Literário de *O Estado de S. Paulo*, 1º.07.1967.

Pega a pá, trabalha em mutirão;
Pedra em pedra cresce a nova construção![7]

O tema da alienação é expresso ainda, de maneira mais feliz, na marcha-rancho "Critique menos e trabalhe mais" que se segue ao primeiro pronunciamento do novo governador, Barbacena.

A canção retira parte de seu efeito de alusões ao presente. Os governos militares cunharam diversas sentenças de propaganda. A mais sinistra delas é, talvez, a "Brasil ame-o ou deixe-o", mas essa é posterior a *Tiradentes* que registra criticamente as primeiras preciosidades da coleção. "Confiamos no Brasil", "Apostamos no Brasil", "Critique menos e trabalhe mais", são cantadas e dançadas pelo bloco carnavalesco (quantas vezes o carnaval tem servido de sedativo) que porta o estandarte com os dizeres: "Ide a vós o nosso ouro". Reza a última estrofe da marcha:

Trabalhe sem entender
Dê dinheiro e seja ousado
Pagando somos felizes
Num País escravizado (p. 84).

Novamente se supreende o duplo sentido que faz o texto referir-se à dominação em geral e a uma dominação muito particular e datada.

As medidas tomadas por Barbacena, destruição da indústria nacional, extinção do crédito, remetem a práticas habituais de países imperialistas em relação àqueles de economia dependente.

Desvendar estruturas capitalistas torna-se mais fácil em *Tiradentes* onde não se tem, como em *Zumbi*, a oposição entre duas sociedades absolutamente heterogêneas, mas contradições dentro da mesma sociedade regida pelas leis do lucro, do capital.

Os personagens de *Arena Conta Tiradentes* são aqueles implicados nos fatos históricos, aqui concebidos não como indivíduos, mas como papéis sociais: Igreja, Exército, Aristocracia, Povo. O figurino abandona o indiferenciado de *Zumbi* sem, contudo, individualizar personagens. Há um modelo básico para cada um dos papéis acima arrolados, complementado com índices que caracterizam sub-setores dentro dos grandes grupos sociais. O latifundiário Silvério dos Reis e o poeta To-

---

7. A. BOAL, e G. GUARNIERI, *Arena Conta Tiradentes*, São Paulo, Editora Sagarana, 1967, p. 71. Nas próximas citações de *Tiradentes* indicaremos apenas a página, entre parênteses.

más Antônio Gonzaga co-participam do grupo aristocrata, mas têm, dentro dele, posição e atividade distintas. Serão identificados, o primeiro pelo uso de um chicote, o segundo pela flor que sublinha seus gestos lânguidos.

Semelhantes porque aristocratas, Silvério dos Reis, Domingos de Abreu Vieira, Cláudio Manoel da Costa têm interesses divergentes de acordo com a instituição social que cada um representa: o latifúndio, a indústria nacional nascente, o capital financeiro, respectivamente. A peça deixa ver que cada um está pronto a aproveitar-se do outro e que só vai uni-los a ameaça aos lucros de todos. Barbacena ordena o fechamento das fábricas de Domingos. Silvério dispõe-se a ficar com seus duzentos escravos, agora "sem serventia", "conforme o preço e o prazo". O governador, no entanto, exige-lhe antes o pagamento das dívidas para com a Coroa. Silvério declara-se pronto a saldá-las mediante empréstimos a juros a que lhe fará Cláudio, mas uma nova lei de Barbacena "elimina a usura e extingue o crédito" (pp. 87-88).

Passando à oposição em defesa de seus privilégios, os inconfidentes sofrem em comum uma limitação: eles têm algo a perder e por isso temem a radicalização do movimento. Reagem, como bons proprietários que são, à simples idéia de libertação dos escravos; mostram-se cautelosos quanto a uma possível perda de controle da "revolução": "É melhor ter cuidado! Precisamos ter a força de conduzir o povo antes que ele nos conduza. De que vale lutar contra a opressão e cair na anarquia!?", exclama Domingos de Abreu Vieira (p. 107).

Causa-lhes espécie a violência – "Imaginem! Matar o Visconde de Barbacena ou seu odiado Ajudante de Ordens!" O Padre Carlos protesta: "qualquer sangue manchará o berço da República" (p. 118).

Por mais contradições que tenham com a metrópole, maior é a distância que os separa do povo, a única força que poderia garantir a vitória da sublevação.

Os militares, outro grupo chamado a integrar a conspiração, mostram-se dispostos a por-se à frente de quem detenha o poder. Não se comprometem com o movimento sem as garantias de sua vitória. Demoram tanto a decidir-se que quando o fazem já nada mais é possível.

Também os intelectuais resultam incapazes para as tarefas revolucionárias. Suas teorias e sonhos não têm qualquer vinculação com as exigências da prática. Os poetas idealizam o "depois". Planejam a criação de uma Universidade, discutem um dístico para a bandeira. Nada pensam ou propõem que sirva às exigências imediatas da empreitada libertária. Como diz Bárbara Heliodora, "gastaram tanto tempo fazendo o dístico que agora só ficou faltando fazer a independência. Se tivessem gasto o mesmo tempo fazendo a Independência, agora só faltaria o dístico" (pp. 112-113).

O principal representante da categoria, Tomás Antônio Gonzaga, nunca se exprime de forma objetiva. Jurista que é, compraz-se em erguer hipóteses sobre hipóteses, sem jamais definir-se por nenhuma. Alijado do poder no Governo Cunha Menezes, opõe-se à bandalheira institucionalizada, uma objeção sobretudo moral. Apressa-se a saudar o novo governador, Barbacena, o austero. Desilude-se com seu excessivo rigor no lançamento da Derrama. Nenhuma razão concreta, porém, social ou pessoal, é apresentada para seu engajamento na conjuração. Dividido entre assumir seu novo posto, na Bahia, ou permanecer em Minas e participar da sedição, decide-se pela segunda alternativa com base em argumento tão frágil quanto fútil, exprimindo-se através de um discurso que revela ao mesmo tempo egocentrismo, comodismo e irresponsabilidade:

– Na Bahia, talvez eu possa mesmo ser muito feliz. Porém, há o problema do clima. O calor é insuportável. Temo pela saúde de Dorotéia e das crianças que virão! Quem sabe seja melhor ficar aqui e servir à Pátria. O clima aqui é mais ameno (p. 106).

Maciel conta com a ajuda internacional, após iniciado o levante. A peça, porém, deixa claro, desde a dedicatória, que essa ajuda só viria depois de libertado o país e, ainda assim, sob a forma de exploração comercial. Como declara Thomaz Jefferson a José Joaquim da Maya – e o texto reproduz trecho constante dos Autos da Devassa, "quando o povo brasileiro, por si só, já tiver conseguido a libertação, poderá contar com os nossos oficiais para adestrar seu exército. Em troca o Brasil deverá tão-somente comprar o nosso bacalhau" (p. 61)[8].

Isolado e contando com material humano tão vacilante, o grupo conspirador, embora pudesse dispor de armas, pólvora e de escravos para "carne de canhão", esperando ainda a adesão de toda a Capitania sufocada pela Derrama, condena-se ao fra-

---

8. É o seguinte o texto dos Autos: "(...) respondeu aquele Ministro, que logo que os Brasileiros ganhassem a sua independência, não teria a sua Nação dúvida em assistir com navios, Mestres de Fábricas, e todas as mais provisões necessárias, com condição, porém, que deveriam receber o seu Bacalhau, porém que antes de segura, e estabelecida a sua Liberdade, e Independência, nada fazia". Cf. "Auto das Perguntas Feitas Acerca de Uma Certa Carta Escrita Ao Ministro Dos Estados Unidos da América Septentrional Por Um Estudante do Brasil Que Se Acha em Montpellier", *Autos da Devassa*, vol. II, p. 88.

casso por não conseguir superar seu horizonte político, o liberalismo.

Apenas um dos conjurados, o herói da peça, Tiradentes, é cônscio das medidas que se impõem e compreende a necessidade de se chamar o povo às armas. É o único que se empenha sem reservas e também o único cujo engajamento sofre evolução. A princípio expõe a todo mundo seus pensamentos republicanos e libertários, numa revolta não direcionada. Quando se reúne aos inconfidentes, revela-se cuidadoso articulador, preocupado com todos os aspectos práticos do movimento. Suas palavras, no entanto, não encontram eco. Apesar de sua superioridade política em relação aos demais, não percebe que se embrenhou na senda errada. Está só e muito tarde compreende o irremediável de sua solidão. O último depoimento que faz ao tribunal, uma adaptação do texto constante dos Autos da Devassa, é também uma declaração de culpa, mas não por ter conspirado contra a Coroa, e sim por ter confiado demais e escolhido mal os companheiros.

O interrogatório a que se submetem os inconfidentes, cena capital da peça e que serve para definir a posição de cada um enquanto revolucionário, constitui-se através da seleção dos depoimentos prestados aos tribunais da Devassa. Um Francisco de Paula, que se escuda em curiosa teoria sobre a obediência militar que o colocaria necessariamente a serviço do poder vigente, seja ele qual for, um Padre Carlos, que define a posição da Igreja como apenas superficialmente revolucionária ("não lutei contra o poder, apenas contra seus excessos" (p. 151)), um Gonzaga impotente para a ação, o intelectual para quem tudo se resume ao mundo das idéias, puderam ser assim concebidos com apoio em documentos históricos.

O desenvolvimento dos caracteres procura manter coerência com a imagem que se pode extrair dos documentos oficiais. Assim, por exemplo, Silva Alvarenga, a quem os textos históricos atribuem as posições mais radicais e que perante o tribunal tem um comportamento bem pouco dignificante (o poeta, para livrar-se, acusa a própria mulher) é, a partir desse dado, concebido como o mais perigoso dos falsos revolucionários, o "revolucionário da boca prá fora", o "festivo", participante e extremista a fim de "parecer bem" perante o grupo. Os autores servem-se desse personagem para ironizar a desculpa que tantas vezes tem servido a adesistas. "Quando penso em delatar, penso no que minha salvação pode trazer no futuro. Que adianta se todos os homens com ideais desse país forem enforcados. Enquanto um sobreviver a idéia não morre..." (p. 142), diz Alvarenga à mulher, antes de sair para denunciar os companheiros.

Também a Cláudio e Gonzaga são acrescentados traços que remetem a defeitos típicos de maus combatentes. Gonzaga é um otimista, sempre voltado para o lado risonho da vida. Reage à delação com plena consciência de sua posição de classe: o privilegiado não pode imaginar que desapareçam seus privilégios. Ele crê-se impune por sua posição social. Mas colocando a seu lado um Cláudio eternamente pessimista, os autores projetam a ambos como posições subjetivas diante da realidade.

São, em todos os casos, limitações atribuídas pela esquerda a seus adeptos ou aliados menos consequentes. A peça, também aqui, faz com que o passado incida sobre o presente, como crítica a toda postura pseudo-revolucionária. Mas persegue também um discurso mais geral sobre temas caros ao marxismo, como "posição de classe" e suas interferências na consciência e nas atitudes humanas.

O outro bloco social, o povo, define-se primeiramente pela negativa, ou seja, mostra-se o povo que não o é, que não interessa ao movimento revolucionário. Nesse caso então os operários construtores da Cadeia Pública, alienados pelo trabalho excessivo. Igualmente rejeitadas são certas camadas urbanas cuja participação no processo produtivo ou não é revelada (dois homens que freqüentam uma taverna) ou não se pode situar de maneira definida (as Pilatas, ao mesmo tempo costureiras e prostitutas). Representam o nível mais atrasado de consciência, o mais conservador. Seu discurso é a defesa da autoridade pela autoridade, da ordem pela ordem. Gente temerosa de tudo que ameace sua tranqüilidade, recusam-se a pensar a realidade e se exprimem pela repetição de máximas de cunho nitidamente ideológico:

Monica
–Olhe, Alferes, comigo não fale mais senão eu grito. Falar dessas coisas é que nem doença, pega e acaba com a gente! O senhor é soldado, já devia ter aprendido. Soldado obedece, cumpre ordem e cala a boca (p. 74).

Por fim chega-se à única classe revolucionária: o garimpeiro, o minerador, ligado, portanto, ao setor economicamente fundamental da época. Ausente da inconfidência palaciana, apenas uma vez essa classe aparece em ação. Um mineiro, na taverna, reage à autoridade opressora que julga ver representada pelo Alferes. No mais, é evocada por Tiradentes, na figura de Manoel Pinheiro, o minerador a quem, uma vez, ele prendera, torturara, sem nada conseguir-lhe arrancar: "– Era um homem", diz o Alferes. "Tinha uma coisa que ele queria e brigou. Não conseguiu; mas brigar, brigou" (p. 75).

Fora dos acontecimentos, por meio de uma entrevista feita pelo Coringa (personagem que conduz a narração), o garimpeiro irá revelar inteiramente sua consciência e potencial revolucionário.

Não identificado com nenhuma das camadas sociais descritas, mas merecendo um tratamento simpático e função positiva no texto, aparece, na cena da taverna, um bêbado que toma ironicamente o discurso dos defensores da ordem, através de expressões como: "– A lei tem de ser severa. Se não, não é lei" (p.79) ou "– Oferece alegremente teus dízimos à Rainha" (p. 80). É um tributo, certamente, ao vezo romântico de encarecer a figura do marginal, do boêmio e semelhantes como elementos de contestação social.

O inimigo, como em *Zumbi*, é um poder externo, que age através do poder constituído internamente: os govenadores que devem defender os interesse da metrópole.

Pelo discurso e traços característicos são perfeitamente identificáveis a governantes brasileiros em períodos recentes. Como observou Sábato Magaldi, na concepção de Cunha Menezes alude-se a Adhemar de Barros. Barbacena, pela austeridade, pela função de saneador de obstáculos aos lucros da metrópole, pelas falas que parodiam pronunciamentos oficiais do período 64/66, remete facilmente ao Marechal Castelo Branco. Ambos os Governadores, porém, excedem seus modelos.

Através de Cunha Menezes expõe-se a "bondade" capitalista, ou, pensando-se na realidade política brasileira, a outra face do paternalismo populista: as concessões que, na verdade, nada concedem. Menezes comuta a pena de morte, pondo os condenados a trabalhar na construção da Cadeia e denfende deste modo tal resolução, em princípio contrária aos ditames severos da Coroa:

Mas, pelo amor de Deus, que mal há nisso!? Trabalhando aqui eles acabam morrendo do mesmo jeito! (...) É muito mais digno morrer trabalhando do que morrer na forca (p. 64).

Barbacena, além de servir à demonstração dos mecanismos de exploração capitalista a que já se fez referência, desvenda as regras de um maquiavélico jogo político, ao adiar a Derrama em troca da subserviência da oposição. Perde os anéis para conservar os dedos, mas sabendo que com isso apenas ganha tempo para, no momento propício, recuperar tudo e um pouco mais:

Percebi que essas novas leis são tão violentas que se eu me decidisse a aplicá-las todas de uma só vez, ia acabar perdendo (...). Eu consegui, apesar de tudo, a certeza da aplicação das leis principais em troca de um hipotético adiamento da Derrama. Até lá eu preparo meu exército e até lá muita coisa pode acontecer (p. 91).

Por um lado, alude-se ao momento brasileiro. Também o Governo Castelo Branco, apesar das instâncias de uma direita radical, adiara medidas suscetíveis de encontrarem oposição mais forte. Por outro, a sabedoria política de não atacar sem a certeza da força tem sentido universal.

Estes adversários não são mais as caricaturas grotescas de *Arena Conta Zumbi*. Cínicos e cruéis, têm a seu favor a astúcia que contrasta com a mediocridade geral de seus opositores.

Na cena em que se defrontam, o bandalho Cunha Menezes que não respeita moral e só quer perto de si "prostitutas, e se possível bem gordas" (p. 70), é, pela humanidade que ressuma, mais simpático que o irritado ouvidor Gonzaga. O mesmo se diga do diplomático Barbacena, frente aos que se declaram "bom vassalo" e "escravo fiel de Sua Majestade", enquanto lançam, uns sobre os outros, a suspeita de sedição (p. 89).

Nesta peça, os governadores são apenas desmascarados pelo humor, enquanto os inconfidentes são, por ele, diminuídos.

Bastaria isso para deixar patente que o alvo principal da crítica, em *Tiradentes*, são aqueles que na visão escolar da Inconfidência Mineira eram tidos como vítimas infelizes de seus ideais de liberdade. Tomando a peça como metáfora do presente, estão na mira companheiros ou aliados da véspera.

Há crítica impiedosa e suave autocrítica, se entendermos como tal o reconhecimento de culpa de Tiradentes. Abandonou-se a adesão incondicional aos derrotados, que enfraquecia *Zumbi*. O que resta da complacência fica contido agora na suposição da existência de uma linha correta, embora incapaz de tomar a direção do processo. E não é pouco. A verdade, a linha correta, é carregada pelo herói com o qual o espectador pode, e até deve, pelos recursos usados na concepção do personagem, identificar-se. Ninguém precisa assumir a carapuça de intelectual nefelibata, burguês pseudo-revolucionário ou traidor. Basta conformar-se a Tiradentes, exemplo de postura revolucionária, assim como a ele aderem os autores da peça.

Para poder criticar e ao mesmo tempo apresentar um modelo positivo, os autores recorrem a uma cisão do ponto de vista, através da manutenção de duas funções fixas no espetáculo: a função coringa e a função protagônica.

O Coringa tem uma função essencialmente distanciadora. Como o próprio nome sugere, ele pode a qualquer momento desempenhar qualquer papel, retomando sempre a atribuição que lhe é própria, de conduzir o espetáculo: é dele que parte a narração, é ele quem comenta e explica os acontecimentos. Paulista de 1967, como o define Boal[9], cabe-lhe analisar, com a consciência e instrumentos hoje possíveis, os fatos do passado. Representando a perspectiva que preside à narração e que a conforma, pode valer-se até de entrevistas à parte com personagens para desvendar motivos que a cena não explicita.

Seu inverso é a função protagônica, o único papel da peça que não admite revezamento, devendo ser encarnado, todo o tempo, por um único e mesmo ator e de maneira estritamente naturalista. Pretende-se com esse artifício recuperar a empatia, a ligação emocional imediata do espectador com a personagem.

O resultado é a constituição de dois planos distintos, quase uma peça dentro de outra. O herói, confinado à consciência que seu universo dramático lhe pode conferir, corre cego em direção à desgraça, enquanto o Coringa, integrante de uma realidade dramática diversa, manipula os dados, constrói cenas, move personagens de modo a demonstrar a exorabilidade do desastre. Num caso devemos sofrer com o protagonista o martírio não evitado. No outro, podemos considerar criticamente os fatos.

A unidade da peça mantém-se porque a divisão da perspectiva é apenas formal. A tensão se resolve na medida em que herói e Coringa, por meios diversos, convergem para a mesma interpretação da realidade. Os respectivos universos acabam mesmo por encontrar-se e os dois personagens se identificam tanto na consciência do erro cometido quanto na expiação.

No final da peça, quando se precipitam os acontecimentos funestos, o Coringa abandona o controle da narração para, como personagem da história de Tiradentes, sofrer, com ele, o fracasso.

Após o reconhecimento da culpa, o herói rompe os limites de personagem stanislavskiano e passa a integrar o teatralismo dominante na peça, cantando com o coro, em direção à platéia, a canção "Dez vidas eu tivesse...". O Coringa pode então dirigir-se a ele sem travestir-se de personagem do drama – a consciência do inevitado e do evitável irmana o herói do passado e o homem do presente na busca de um sentido para a luta.

9. A. BOAL, "As Metas do Coringa", in *Arena Conta Tiradentes*, ed. cit., p. 31.

A conclusão, a verdade que centralmente se quer demonstrar, flui com igual eficiência da ação do protagonista e da demonstração do Coringa. Ambos, um pela razão, outro pelo envolvimento emocional, nos oferecem a compreensão do erro, a indicação do caminho e do modelo a seguir.

Resta, contudo, nos dois planos uma lacuna: nem a trajetória do herói permite descobrir, nem o Coringa explica as razões de sua cegueira, incompreensível para quem assiste à disparidade entre a militância exemplar do herói e o caráter poltrão, interesseiro e obtuso de seus pares.

Apenas um personagem, à parte da fábula, manifesta clareza quanto aos defeitos incuráveis dos inconfidentes. E, mais uma vez, a astúcia faz-se privilégio do inimigo, já que o personagem em questão é Silvério dos Reis. Não é do Coringa, nem de Tiradentes, mas do traidor que parte a análise conclusiva sobre a conspiração malograda:

Coringa
– Ao que leva o medo, heim Silvério?

Silvério
– Medo coisa nenhuma. Se valesse o risco até que o medo a gente enruste. Mas vamos falar com franqueza: já pensou direito em quem está metido nessa rebelião? Um bandinho de intelectuais que só sabe falar. Porque a liberdade ... a cultura... a coisa pública... o exemplo do Norte... na hora do arrocho quero ver. O outro lá comandante das tropas, o que quer mesmo é posição, seja na República, na Monarquia, no comunismo primitivo, o que ele quer é estar por cima. Olha, velho, dessa gente, a maioria está trepada no muro: conforme o balanço, elas pulam prá um lado. E eu aqui vou nessa? Mas nunca.

Coringa
– Então você não acredita mesmo nesse levante?

Silvério
– Condições havia, mas agora não. Povo, que é o que resolve mesmo nessas horas, não se pode contar com ele. O povo não se reúne na casa do Ouvidor Gonzaga e muito menos na do Tenente-Coronel (...) (p. 125).

Embora possa parecer contraditória, a atribuição da clarividência a personagem tão negativo encaixa-se perfeitamente na linha das idéias e da feitura literária do texto. Por coerência, o herói não poderia conhecer toda a verdade, primeiramente porque é preferível esta cegueira a ter ciência prévia do erro e nada fazer para evitá-lo. E de acordo com os objetivos da peça – contar um movimento libertário fracassado, mostrando o caráter perfeitamente evitável do malogro – e até por respeito à história escolhida, nada poderia, no plano da fábula, ter sido evitado. A falha do protagonista era necessária. Por seu intermédio a peça persegue um de seus objetivos sociais e dramáticos: a catarse, a expiação. Para superar o erro, parecem pensar os autores, não basta conhecê-lo racionalmente. É preciso, de alguma forma, vivê-lo.

Além do mais, a sabedoria de Silvério coaduna-se com o tratamento aplicado, em toda a peça, ao inimigo. Se há nisso alguma incoerência, ela é menos literária que política. Afinal, não é propriamente o inimigo que se põe em questão nesta peça. Talvez por desejo de superar a imagem balofa que havia sido dada aos inimigos no primeiro musical do Arena, talvez ainda pela excessiva gana de demolir os pseudo-revolucionários, permite-se ao opressor conhecer e enunciar as verdades que escapam a seus opositores.

O procedimento resulta positivo no sentido de alertar para a força dos que detêm o poder, mas possui um lado infeliz na medida em que enfraquece a posição do herói. Este só se resgata pela simpatia, nunca no plano racional da peça.

Pode estar aí a única falha mais grave de um espetáculo onde os elementos da análise política (concordemos ou não com seu teor) vêm colocados com rigorosa precisão, selecionando-se, com astúcia só comparável à dos vilões da peça, os recursos literários e/ou dramáticos.

Além da coerência dos caracteres, da riqueza de informações projetadas pelas cenas, de hábil divisão e somatória, entre o protagonista e o Coringa, da perspectiva perseguida pelos autores, há outros procedimentos a considerar.

Na distribuição do elenco já não se admite o revezamento indiferenciado de papéis, como ocorria em *Zumbi*. Os atores são divididos em dois coros, tendo cada um o seu corifeu: o coro "deuteragonista", cujos integrantes podem desempenhar qualquer papel de apoio ao protagonista, e o coro "antagonista", que só se ocupará dos papéis de oponentes. A sensibilidade e a expectativa do público não sofrerão quebras. Evitam-se confusões que possam dificultar a identificação dos papéis. No mínimo o positivo e o negativo têm seus campos bem demarcados.

Tiradentes é uma peça em dois atos (ou dois tempos, como querem os autores). O primeiro contém três episódios: os vícios do governo Cunha Menezes; o acirramento das contradições no Governo Barbacena; a preparação da revolta. O segundo ato, tal como em *Arena Conta Zumbi*, é dedicado à narração do malogro. O quarto episódio trata da delação, da perseguição e prisão dos inconfidentes; o quinto, do julgamento, sentença e execução.

Os fatos se sucedem cronologicamente, menos dois que rompem a seqüência linear: a sentença contra o Alferes, a qual, lida no início da peça, serve para colocar no pretérito a ação dramática, acentuando o gesto de narrar: e o interrogatório de Tiradentes, que se distribui por todo o texto, entre os episódios, e se reveste de múltiplos sentidos.

Reafirmação do caráter de ação pretérita que têm os acontecimentos encenados, o interrogatório traduz (e induz a) a atitude que se pretende diante dos fatos: interrogar e julgar. São também falas significativas (hábil seleção de trechos dos Autos da Devassa) que podem atuar como alusão ao que se mostra na cena subseqüente e reforçar certos temas da peça. Assim, entre o primeiro e segundo episódios as perguntas versam sobre a expressão atribuída ao réu – "Se existissem mais brasileiros como eu, o Brasil seria uma República Independente" –, terminando com a frase pronunciada por Tiradentes: "Não há cabeças, nem partido"(p. 86). Segue-se a cena em que, informados das medidas drásticas tomadas pelo Governo, os futuros opositores revelam subserviência, covardia. Não há, entre eles, cabeças, nem há outros brasileiros como Tiradentes.

Em *Tiradentes*, os conteúdos políticos não apenas são precisos, mas também reiterados por diversas formas.

A peça abre-se com uma Dedicatória a José Joaquim de Maya, segundo o Coringa (os autores) "o primeiro homem a se preocupar com a liberdade no Brasil"(p. 60).

Já neste segmento, à semelhança do que se fez em *Zumbi*, é colocada a causa a que serve o espetáculo. A validade da luta libertária é cantada pelo coro:

> Eu sou brasileiro mas não tenho meu lugar
> Pois lá sou estrangeiro, estrangeiro no meu lar.
> A quem nasceu lá fora tudo seu a terra dá:
> Essa Pátria não é minha, é de quem não vive lá.
> O pássaro na gaiola, já nascido em cativeiro,
> Aprende a cantar e canta se permanece prisioneiro.
> Mas se lhe abrem a portinhola, bem capaz é de morrer.
> Com seu medo à liberdade, já não sabe nem viver.
> Quem aceita a tirania
> Bem merece a condição
> Não basta viver somente,
> É preciso dizer não! (p. 61).

Maya, estudante brasileiro em Montpellier, França, escreve uma carta a Thomaz Jefferson, herói da independência norte-americana, pedindo auxílio para a campanha de libertação do Brasil. Da carta e da resposta (e mais uma vez a fonte são os *Autos da Devassa*) marcam-se passagens que caracterizam a condição brasileira: presa da metrópole colonial, sua independência será o atrelamento a outra potência, no caso os Estados Unidos. Está sugerida qual é a luta libertária a que *Arena Conta Tiradentes* se refere: a luta anti-imperialista.

A afirmação da luta é retomada, de forma exortativa, no final da peça. Duas canções se complementam: "Dez vidas eu Tivesse" e "Campanhas de Libertação". A primeira representa a postura do herói modelar, que deve ser assumida:

> Dez vidas eu tivesse
> Dez vidas eu daria,
> Se assim fizessem todos,
> Aqui não existiria
> Tão negra sujeição
> Que dá feição de vida
> Ao que é mais feia morte:
> Morrer de quem aceita
> Viver em escravidão... (p. 162)

A segunda, mensagem de esperança, abertura para o futuro, afirma:

> (...)
> Quanto mais cai, mais levanta
> Mil vezes já foi ao chão
> Mas de pé lá está o povo
> Na hora da decisão! (p. 163)

O Coringa dá o arremate, em que se insinua um desafio:

> – A Independência Política contra Portugal foi conseguida trinta anos depois da forca. Se Tiradentes tivesse o poder dos Inconfidentes; se os Inconfidentes tivessem a vontade de Tiradentes, e se todos não estivessem tão sós, o Brasil estaria livre trinta anos antes e estaria novamente livre todas as vezes que uma nova liberdade fosse necessária. E assim contamos mais uma história. Boa noite! (p. 163).

O espetáculo desenvolve uma sucessão de cenas breves, interrompidas pela execução do coro que comenta a cena precedente e prepara a seguinte, resumindo-lhe o conteúdo. Ao Corifeu, que se pronuncia logo após a intervenção do coro, cabe situar época e ambiente da ação.

Coro e corifeu, além de elementos de ligação entre as cenas, constituem recurso de interrupção do envolvimento emocional e sustentam o caráter narrativo da peça.

Outro expediente que interrompe a ação está nas "explicações", feitas em tom de conferência, pelo Coringa. Elas abrangem desde particularidades históricas, análise dos fatos, até a exposição de objetivos da peça e das convenções nela utilizadas. O essencial da produção teórica de Augusto Boal sobre o espetáculo já vem, em seu interior, resumida pelo Coringa.

Apenas um episódio, o terceiro, dispensa a interferência do personagem polivalente, porque foi estruturado de tal modo que nele se cruzam duas cenas simultâneas. Numa delas, construída dentro do estilo naturalista, são traçados os planos do levante. Na outra, em casa de Gonzaga, os poetas, personagens de farsa, sonham com o depois. O contraste, tanto de conteúdo quanto de estilo, faz com que as duas cenas se comentem mutuamente.

A malha é cerrada. Dificilmente um espectador poderia esquivar-se à força didática do espetáculo. Somos cercados pela razão e pela emoção, levados a nos acumpliciarmos com o ponto de vista e acatar a verdade que se enuncia.

A música percorre toda a gama de movimentos da peça. Existem canções-comentário, executadas pelo coro entre as cenas; as canções satíricas, como "Critique menos e trabalhe mais", de efeito distanciador. Forte apelo emocional, apesar do teor expositivo, está contido nas canções exortativas, "Dez Vidas eu Tivesse" e "Campanhas de Libertação". Por fim, temos a música utilizada para criar clima poético e que se aplica sobre poemas de Cecília Meireles. É o caso de "Cidade de Ouro" e "Estou Só".

Mantém-se o ecletismo de gênero e estilo que *Zumbi* retomara de *Revolução na América do Sul*. Melodrama, farsa circense, drama naturalista comparecem ao lado de gêneros não propriamente teatrais, como a conferência e a entrevista.

Sendo cada cena limitada pelas intervenções do coro, que inclusive muda os cenários à vista do público, os segmentos se recortam nitidamente e as convenções empregadas em cada um deles são evidenciadas.

Assim como se procura demonstrar que o resultado da Inconfidência foi o fracasso, mas poderia ter sido diferente, as soluções dramáticas também são reveladas em sua natureza convencional e, portanto, como cambiáveis – são aquelas como poderiam ser outras, se outros fossem os objetivos a expressar.

A simples alternância de estilos é uma forma de expor a convenção, mas os criadores de *Tiradentes* vão além. Texto e gesto freqüentemente se contradizem, farsa e cena naturalista se intercruzam no terceiro episódio.

No quarto episódio, quando tem início a repressão à conjura, embuçados vão avisar os inconfidentes do perigo. A cena é melodramática. Marília e Gonzaga se despedem em tom gradiloqüente: "Não me abandones! Não corras para a morte!", diz ela. Mas o poeta a afasta: ele vai lutar e ela rezar pela liberdade da Pátria. "Adeus", soluça Marília. "Adeus", responde altaneiro, Gonzaga. E então o Coringa irrompe zombeteiro: "a cena é bela e trágica", mas "pura fantasia"(p.132). E fá-la representar novamente em versão cômica, repondo no palco os pusilânimes conjurados, mais poltrões do que nunca. O melodrama era calcado no *Gonzaga, ou a Revolução de Minas*, de Castro Alves.

O único estilo que se procura até certo ponto respeitar é aquele que serviu à construção do herói. Mas também aqui a convenção não se mantém intocada. Duas ações relacionadas a Tiradentes (uma cavalgada e o enforcamento) tiveram que ser representadas de forma teatralista, sendo o personagem substituído pelo Coringa. Como se disse anteriormente, o herói rompe os limites da ilusão criada quando, ao final, dirige o canto à platéia. A própria empatia que se pretende resgatar é tematizada em cena, no momento em que o Coringa abandona sua função para identificar-se com o protagonista.

Se é possível diante do espetáculo sentir, como Sábato Magaldi, que a excessiva racionalização amputa as possibilidades comunicativas que se apresentaram em *Zumbi*, é também forçoso reconhecer a riqueza do texto, a maestria da construção dramática e a eficiência da demonstração. Para censurar *Arena Conta Tiradentes* seria necessário entrar no mérito das idéias e recursos artísticos que a conformam, discutir-lhes o teor, como faz Anatol Rosenfeld, quando critica o apelo ao mito enquanto atitude paternal e mistificadora[10].

Abstraindo pormenores, podemos surpreender tal postura tutelar na estruturação geral do espetáculo. No nível do discurso político, certamente na busca de superar as lacunas de *Zumbi*, a peça não se limita à análise. Percorre-a continuamente a indicação (talvez melhor se dissesse prescrição) de um caminho que permitiria reverter a derrota — canções, comentários, explicações, entrevistas e a própria expiação do herói malogrado servem à afirmação da necessidade de participação da classe social capaz — e só ela — de uma ação revolucionária conseqüente. É bom insistir: esta classe, embora chamada pelo nome genérico e ambíguo de "povo", foi muito bem determinada como aquela cuja força de trabalho se exerce junto ao setor fundamental da economia — no século XVIII, o garimpeiro, que no mundo moderno corresponderia ao operariado.

Vai além a contribuição dos autores. É sugerida uma linha de ação revolucionária através de entrevista com o garimpeiro (que D'Aversa chama de "imperdoável garimpeiro-pessegueiro"[11]), passagem que merece transcrição integral:

---

10. A. ROSENFELD, "Heróis e Coringas", *Teoria e Prática* n. 2, São Paulo, Teoria e Prática Editora, out. 1967.
11. A. D'AVERSA, "Os Cont-Atores de Tiradentes", *Diário de S. Paulo*, 05.05.1967. "Pessegueiro" era forma metafórica e irônica de referir-se aos integrantes do PC (Partido Comunista).

UM TEATRO MILITANTE

Coro 1 e 2

Quem quiser Independência
o garimpo vá chamar
pois são mil bocas douradas
que num grito vão apoiar!

Coringa

— Mas digam lá, companheiros dessas Minas. Que é que há com o povo que não se manifesta?

Garimpeiro

— E eu sei lá? Quem entende? O pessoal fica aí reclamando, falando. Na hora do prá valê, cadê? Ninguém faz nada! *Isso é que falta, ó... (bate com a mão na testa).* Tutano! Tutano é o que não tem!

Coringa

— Mas se vier a Derrama, mesmo assim ninguém faz nada?

Garimpeiro

— *Arma tem aos monte!* Essas picaretas aí, ó! Vou te contá! Pega um Joaquim desses com uma picareta, eu não quero nem vê! Mas é que o pessoal não sabe, fica tudo pelos canto, procurando lei a favor...

Coringa

— *Mas se alguém organizasse a resistência, o povo ia junto?*

Garimpeiro

— Ah, isso é mais que certo. *Estourou o fuzelê nós tá lá. O difícil é estourá* (p. 101) *(grifos nossos).*

Uma interpretação se nos impõe de imediato: ao povo falta cabeça, ou seja, consciência capaz de dar direção à luta. Cabe, portanto, a "alguém" que, pelo visto, não faz parte do povo, organizar a resistência armada e, mais do que isso, desencadear a luta. Esse povo, com armas e sem consciência, vai junto.

A conversa entre o garimpeiro e o Coringa desenvolve concepção no mínimo paternalista das relações entre a vanguarda e a massa, a qual, no entanto, é o pretenso sujeito da transformação política e social.

Uma visão muito semelhante preside à articulação de um espetáculo fechado, que procura eliminar toda ambigüidade através de recursos que reiteram muitas vezes, variando as formas, a mesma idéia.

Cenas por si só expressivas são comentadas pelo coro. O Coringa, como bom professor às antigas, dipõe-se a explicar, demonstrar, exaurir os temas e ainda nos oferece um modelo a adotar. Música, figurinos, diversos gêneros, teatrais ou não, articulam-se de modo a favorecer a transparência da mensagem. O espectador é incitado, por todos os meios, a alinhar-se. Afinal, "quem aceita a tirania bem merece a condição" (p. 61).

Quando o produto artístico já não se oferece à interpretação do fruidor, mas pretende moldar-lhe a consciência através de mensagem didaticamente (e estreitamente) organizada, entende-se o palco como portador e doador da verdade que, aliás, se veicula em mão única. "Didatismo impositivo", sentenciou Paulo Mendonça[12].

Há, porém, uma outra face de *Arena Conta Tiradentes* a considerar, igualmente verdadeira e que contraria as intenções expressas do espetáculo. É o lado frágil da aparente segurança do enunciado político e da manipulação dos recursos dramáticos.

A proposta política da peça padece de idealismo. O elogio da liberdade se faz sem precisar de qual liberdade se trata. Maria Sylvia Franco Moreira, que analisa as limitações do espetáculo sob este aspecto, observa que o tratamento conjunto de duas épocas e dois movimentos diferentes, apagando os contornos históricos, não pode esclarecer, em cada um dos momentos, a quem serve a liberdade que se afirma[13].

Se desse modo o louvor da liberdade pela liberdade acaba por cair no meramente ideológico, ele pode ser lido também como expressão da recusa diante de um presente insatisfatório, o que é, de certa forma, fazer a crítica de uma realidade negativa. Não é, certamente, a atitude positiva pretendida pelos autores. E, malgrado eles, acaba sendo a melhor tradução do tempo confuso e dividido em que se contou Tiradentes, por presentificar ao mesmo tempo o anseio e a incapacidade de encontrar saídas.

A proposta de ação política, o chamar em armas um povo que está ausente do processo revolucionário, atraí-lo para uma resistência organizada sem a sua participação, pode ser autoritária, mas recai também no gesto de desespero, quase na mesma rebeldia romântica que transborda em *Zumbi*. Historicamente, no Brasil de 1967, ela resultou na substituição de uma "política de massas" populista pela ação armada de vanguarda, tão paternalista no substituir as massas, quanto generosa em heroísmo.

12. P. MENDONÇA, "Tiradentes", *Folha de S. Paulo*, 30.04.1967.
13. M. S. FRANCO MOREIRA, "Tiradentes, Versão Arena", Suplemento Literário de *O Estado de S. Paulo*, 12.08.1967.

A montagem do Teatro de Arena constrói um gesto homólogo ao das vanguardas políticas de seu tempo. Ela se oferece e se expõe de uma forma que resulta patética. Toda a astúcia da arquitetura é insuficiente para mascarar a impotência. A metáfora que permite esquivar-se à censura é índice de resistência, não de poder agressivo.

A peça considera a realidade por meio da ironia. E a ironia não está somente nas passagens que deliberadamente a elegem como forma de expressão. Irônico é o fecho da peça que celebra um povo, força ideal e salvadora, mas irremediavelmente ausente.

Sobre a ironia escreve Lefèbvre:

> Protesto da subjetividade e da consciência incertas, diremos nós, logo do pensamento que se procura. Acrescentaremos: protesto e procura que prevêem seu fracasso e esperam por isso, ainda que façam o necessário para retardar ou evitar a derrota[14].

14. H. LEFÈBVRE, *Introdução à Modernidade*, Rio de Janeiro, Editora Paz e Terra, 1968, p. 13.

2. Uma Proposta Concreta: O Sistema Coringa

Augusto Boal apresenta as soluções dramáticas empregadas em *Arena Conta Tiradentes* como proposta de um sistema fixo de dramaturgia e encenação, que viria, segundo ele, oferecer a saída possível para o teatro que, num tempo de crise, se pretenda popular.

Algumas idéias já são adiantadas no próprio espetáculo, pelas intervenções do Coringa. No programa, o autor e diretor insere dois artigos. "Tiradentes, Questões Preliminares" expõe principalmente a concepção social das personagens e o tratamento dos fatos históricos. "Quixotes e Heróis" previne-se com respeito a um dos aspectos mais polêmicos da montagem, a recuperação da empatia e do herói.

O Anuário do Teatro Paulista, da Comissão Estadual de Teatro, em 1967, publica, de Boal, o "Rascunho Esquemático de um Novo Sistema de Espetáculo e Dramaturgia Denominado Sistema Coringa".

Finalmente, com a edição do texto de *Arena Conta Tiradentes*, em 1967, vem a formulação completa da proposta, metas, objetivos e razões, através de uma série de artigos: I) "Elogio Fúnebre do Teatro Brasileiro Visto da Perspectiva do Arena"; II) "A Necessidade do Coringa"; III) "As Metas do Coringa"; IV) "As Estruturas do Coringa"; V) "Tiradentes: Questões Preliminares – Quixotes e Heróis". Os artigos foram republicados no ano seguinte pela *Revista da Civilização Brasileira*[1].

O Sistema prevê a aplicação de quatro técnicas básicas:

1) a desvinculação ator/personagem
2) o ecletismo de gênero e estilo
3) a narração coletiva
4) a música como suporte de conceitos

Já comentamos o emprego que destas técnicas se faz nos musicais. Recursos correspondentes àqueles que se encontram no didatismo brechtiano ou, mais certamente, no teatro político de Piscator são explorados até o máximo de suas possibilidades estéticas e econômicas, atingindo o Arena um discurso pedagógico eficiente.

No Sistema Coringa, a representação da personagem de forma distanciada está favorecida pelo fato de que nenhum ator poderá vivê-la inteiramente, mas cada um, dentro do revezamento de papéis, poderá revelar-lhe uma faceta. Cada personagem é, em sua totalidade, uma construção que se faz coletivamente e em cena.

A máscara, que servira à economia do teatro grego, não se restringe aqui a suprir determinados papéis, mas substitui inclusive a representação de grandes agrupamentos. Também já não se trata da máscara física, mas de uma *persona* que se constrói através de gestos, postura, inflexão de voz e adereços que permitem configurar papéis sociais.

O ecletismo de gênero e estilo representa uma profunda quebra das convenções ligadas ao gênero dramático. Conceber cada cena de acordo com um gênero, um estilo diferente, ou, como diz Boal, percorrer, dentro do mesmo espetáculo "o caminho que vai do melodrama mais simplista e telenovelesco à chanchada mais circense e vodevilesca"[2], parece reeditar, em proporções agigantadas, a fusão do sublime e do grotesco, do elevado e do mais popular, operada no teatro cristão da Idade Média e defendida como princípio estético pelos românticos. Arrisca-se ao caos que é, entretanto, evitado pela reposição constante da fábula e do ponto de vista.

A utilização das duas primeiras técnicas, que permitem uma extrema liberdade à representação, faz-se possível pela existência da terceira, a narração coletiva. Agrupados em torno

1. *Revista da Civilização Brasileira*, Caderno Especial n. 2, "Teatro e Realidade Brasileira", jul. 1968.
2. A. BOAL, "A Necessidade do Coringa", in *Arena Conta Tiradentes*, ed. cit., p. 26.

de uma perspectiva única, autores e recriadores da peça, sem fraturar a mensagem, manipulam (e de modo visível) os recursos cênicos e literários de modo a comporem conjuntamente a história.

À música compete função suplementar. Ela recorta os segmentos da peça, sublinha o caráter narrativo. Veículo da linguagem poética, condensa significados, poupa o espetáculo do discursivo, economiza outros recursos na criação do "clima" de uma cena, prepara e solicita a platéia para o distanciamento ou para a emoção.

Além das técnicas, Boal propõe uma estrutura fixa para os espetáculos, exatamente a que se vê em *Arena Conta Tiradentes*: dedicatória; explicações; distribuição, em episódios, de cenas breves, ligadas pelos comentários do coro; entrevistas e, por fim, a exortação.

Vêm à lembrança a tragédia e a comédia gregas, também submetidas a rígida e constante estruturação, a partir mesmo da alternância entre partes dialogadas e partes cantadas.

A tragédia clássica compunha-se de cinco partes dialogadas (prólogo, três episódios, êxodo) separadas por quatro cantos do coro (parodos e três estásimos). Em *Tiradentes*, os cinco episódios que contém são delimitados pelas Explicações que, portanto, funcionalmente substituem os cantos do coro, aqui empregados para dividir as cenas.

Se lembram a tragédia por sua função de separar os episódios, as explicações têm algo do espírito controvertido das parábases, parte constitutiva da comédia antiga, na qual o coro se desmascara e emite opiniões, apostrofando em nome próprio, ou em nome do autor, o público.

Ecos do teatro grego aparecem também na organização, igualmente fixa do elenco, dividindo-se os atores nos coros deuteragonista e antagonista.

É possível que, além de influências brechtianas, sugestões do mundo clássico se tenham imposto ao pensamento de Boal que imagina para o teatro o caráter de celebração popular e coletiva, com regras pré-estabelecidas (e, a julgar pelos musicais, com assunto também conhecido), comparável às partidas de futebol.

Seria muito difícil estabelecer todas as fontes de que bebe o Sistema Coringa. A vasta experiência como autor, diretor e professor de teatro oferecem a Boal inúmeras soluções. A carreira e os pontos de vista do diretor do Arena sobre a arte teatral revelam grande liberdade, um ecletismo que lhe permite valer-se de qualquer contribuição, conforme os problemas que deva solucionar a cada momento. Há, porém, um fio que unifica a maioria das técnicas e expedientes incorporados ao Sistema: sua natureza épica.

Na história do Teatro, registram-se diversos recursos para trazer à cena aquilo que não se pode expressar claramente pela ação dramática: o monólogo, o coro grego, o *raisonneur*, o narrador, o aparte são alguns dos expedientes que servem para ultrapassar os limites do gênero dramático. O usual é empregar-se um ou outro mecanismo. Não é o que acontece no sistema proposto pelo Arena que aproveita todas as formas épicas já experimentadas pelo teatro, usando-as lado a lado, em sua forma original, como é o caso dos coros, ou transformadas pela ação plural do Coringa que substitui, por exemplo, as técnicas do aparte e do monólogo pelas explicações e entrevistas.

Por meio desta personagem abrem-se todas as possibilidades de conceber a idéia e desvendá-la, de coordenar os elementos da peça, apesar de sua multiplicidade, de acordo com a perspectiva única. A respeito do Coringa, afirma Boal:

é mágico, oniciente, polimorfo, ubíquo. Em cena funciona como *meneur du jeu*, *raisonneur*, mestre de cerimônias, dono do circo, conferencista, juiz, explicador, exegeta, contra-regra, diretor de cena, *regisseur*, *kurago* etc[3].

Instrumento, ao mesmo tempo, da mais ampla liberdade e da contenção, o Coringa condensa o espírito do Sistema que tudo pode conter, mas dentro de uma organização extremamente racional e imutável.

A proposta de um sistema fixo de espetáculos se anuncia como solução conjuntural diante de problemas que se colocam para o Teatro de Arena de São Paulo e, no entender de Boal, para todo teatro que não se limite à condição de adorno das classes dominantes.

O autor inicia sua exposição por um "Elogio Fúnebre do Teatro Brasileiro Visto da Perspectiva do Arena" onde se constata que, como os demais setores da atividade nacional, o teatro sofre os influxos da crise econômica: as platéias minguam, tangidas pela inflação crescente, diminuem os subsídios oficiais. O ano de 1966 termina, em São Paulo, com apenas uma peça em cartaz.

Continua presente o fantasma do retrocesso que já marcava os pronunciamentos da oposição desde o golpe de 1964:

---

3. A. BOAL, "As Estruturas do Coringa", in *Arena Conta Tiradentes*, ed. cit., p. 39.

Dado o malogro do teatro não ter raízes estéticas e se perdurarem as atuais causas econômicas, restar-lhe-á tão-somente o retorno ao amadorismo e aos teatros-íntimos, como às siderurgias restará voltar às forjas domésticas, os carros aos coches e o poder a Pombal[4].

Vive-se um impasse que é ao mesmo tempo econômico e estético. Os grupos teatrais ensaiam soluções diversas: o sistema cooperativo; a restrição a peças com poucas personagens; formação de elencos com astros da TV; montagem de grandes sucessos internacionais do momento. Outros ainda, diante do risco de tudo ganhar ou perder, ousam os espetáculos que sempre quiseram fazer: estão anunciados Peter Weiss, Brecht e outros autores da mesma importância.

Nenhuma dessas é a saída possível para o Arena que, assim, busca uma solução coerente com a linha até então desenvolvida.

Boal historia a trajetória de seu teatro para mostrar que, diferentemente dos outros elencos, por ele chamados de "clássicos" (incluindo-se aqui o CPC), presos a um estilo único, o conjunto da Rua Teodoro Bayma representa a tendência "revolucionária", já que seu desenvolvimento se dá por etapas jamais cristalizadas, que se sucedem coordenadas por exigências artísticas e regidas por necessidade social.

Desse modo, o Arena teria passado por uma fase realista na qual uma interpretação brasileira se opusera ao esteticismo do TBC. Uma segunda etapa corresponde à montagem de autores nacionais e se caracteriza pelo estilo fotográfico, exposição de singularidades da vida. Com a nacionalização dos clássicos, passou-se ao pólo oposto, ao abstrato, ao conceitual.

Os musicais, segundo o autor, perseguem a síntese das duas etapas imediatamente anteriores. De acordo com a terminologia hegeliana empregada, busca-se o "particular" perdido no salto do "singular" para o "universal". Assim, o novo sistema, além de solução conjuntural, pretende resolver problemas estéticos.

Seu primeiro objetivo prende-se à intenção de apresentar "dentro do próprio espetáculo, a peça e sua análise"[5], revelar aos espectadores o ponto de vista, sem camuflagens. Daí a forma que não se esconde e a criação de personagem, o Coringa, mais próximo da platéia que de seus companheiros no universo dramático.

4. A. BOAL, "Elogio Fúnebre do Teatro Brasileiro Visto da Perspectiva do Arena", in *Arena Conta Tiradentes*, ed. cit., p. 13.

5. A. BOAL, "As Metas do Coringa", in *Arena Conta Tiradentes*, ed. cit., p. 31.

A segunda meta diz respeito à liberdade de o autor utilizar todos os estilos disponíveis. Para evitar a anarquia são enfatizadas as "explicações" de modo que ofereçam o estilo geral da peça, ao qual todos os outros devem ser referenciados.

Preservação das conquistas teatrais diante do obsoletismo provocado pela renovação constante — uma posição, por assim dizer, antivanguardista — alimenta o terceiro objetivo a que se volta o Sistema. Boal deseja uma estrutura flexível no sentido de poder conter em seu interior toda nova descoberta, mas suficientemente fixa para permanecer reconhecível pela platéia. O pré-conhecimento é indispensável à total fruição, afirma, comparando a fruição da obra teatral ao acompanhamento de uma partida de futebol, onde as regras são fixas, previamente conhecidas por todos, e a improvisação, no entanto, pode ocorrer a cada lance.

O último problema estético que o Sistema pretende resolver é o da oposição entre as teorias aristotélica ou hegeliana do teatro e as concepções de Brecht.

Boal coloca a questão em termos de "personagem-sujeito" contra "personagem-objeto", ações decorrentes da subjetividade do personagem e personagem como reflexo de uma ação dramática desenvolvida por meio de contradições objetivas (infra-estruturais) ou objetivo-subjetivas.

Na forma adotada pelo Arena, pretende-se tornar evidentes as bases infra-estruturais dos conflitos, mas as personagens se movem no desconhecimento de tais causas. Assim quer Boal "restaurar a liberdade plena do personagem-sujeito, dentro dos esquemas rígidos da análise"[6]. Ou seja, embora se façam visíveis as bases objetivas dos conflitos, tudo se passa como se a ação decorresse naturalmente da subjetividade.

Por fim, a meta econômica do Sistema: reduzir o ônus das montagens, sem sacrifício da escolha de bons textos. Qualquer peça poderá ser encenada com o mesmo número de atores.

A elaboração do Sistema Coringa completa um ciclo de formulações que se vêm colocando pelo menos desde *Opinião*, espetáculo que, segundo seus autores, propunha-se a colaborar na busca de saídas para os impasses do teatro brasileiro[7].

Apresentando o *show*, seu diretor manifesta-se a favor de uma "arte impura", parecida com "o jornal e a jornada", que expresse a realidade presente. Observa que "o fato real suce-

---

6. A. BOAL, *op. cit.*, p. 35.
7. Cf. A. COSTA, O. VIANNA FILHO, P. PONTES, "As Intenções de Opinião", Programa do espetáculo, São Paulo, Teatro Ruth Escobar, abr. 1965.

dido está invadindo o teatro, empurrando a ficção: *O Vigário, O Caso Oppenheimer, Opinião, Zumbi...*" E disso conclui que

> as platéias estão perdendo o gosto pelos contos de fada, querendo conhecer a verdadeira identidade do lobo mau. Descobriu-se que Lobo Mau em geral não existe, mas existem alguns lobinhos bastante ferozes para o gasto cotidiano. A platéia quer conhecê-los a todos. Quer o concreto, o particular, o nome dos bois[8].

Já no programa de *Arena Conta Zumbi*, indicam-se as limitações de *Opinião*:

> O nosso espetáculo *Opinião* usava a verdade mais concreta, embora este fato acarretasse, muitas vezes, a impossibilidade de extrapolar: o fato concreto se singularizava. Em *Arena Conta Zumbi* procuramos ir além: usar o fato concreto, mas tendo sempre presente a necessidade de universalização dos dados apresentados. Se isto foi conseguido ou não, logo ficaremos sabendo[9].

O que se quer atingir, apesar da terminologia nem sempre empregada com exatidão e apesar dos desacertos dos espetáculos, é a "concretude" que também *Zumbi* não alcançou. Nesta peça, segundo Boal, a verdadeira síntese não se lograva:

> conseguiu-se apenas – e isso já era bastante – justapor "universais" e "singulares", amalgamando-os: de um lado a história mítica com toda a sua estrutura de fábula, intacta; de outro, jornalismo com o aproveitamento dos mais recentes fatos da vida nacional[10].

Em *Tiradentes* e com o novo sistema de espetáculo, pretende-se operar a junção dos dois níveis, entretecendo a fábula e os acontecimentos recentes.

A insistência em tomar o "concreto" como referencial sugere o esforço de relacionar as novas soluções a um pensamento estético determinado.

Sob o discurso de Boal estão oposições, muitas vezes equivocadas, entre as teorias brechtiana e lukacsiana, esta última forte influência nas concepções estéticas preponderantes em círculos de esquerda.

Atender a essa tendência dominante implicaria respeitar a tradição do realismo, da pureza dos gêneros, o que entra em conflito com a pesquisa de novas soluções expressivas que, no caso do Teatro de Arena, impunham-se sobretudo como resposta a exigências muito práticas.

Sob este ângulo, o discurso de Boal pode soar um pouco como autodefesa. Senão vejamos: sua primeira peça do conteúdo abertamente político (*Revolução na América do Sul*) e a linha de espetáculos que desenvolveu no período 62/64 resva-

---

8. A. BOAL, "Nossa Opinião", Programa do espetáculo.

9. A. BOAL e G. GUARNIERI, "Vivemos um Tempo de Guerra", Programa de *Arena Conta Zumbi*, Teatro de Arena de São Paulo, maio 1965.

10. A. BOAL, "A Necessidade do Coringa", in *Arena Conta Tiradentes*, ed. cit., p. 28.

lam sempre para a abstração e marcam-se pelo abandono de um realismo convencional. Por outro lado, o diretor do Arena, embora valendo-se de recursos brechtianos, não adota (como o fará, por exemplo, Francisco de Assis) inteiramente um pensamento e um estilo de acordo com as teses de Brecht. Desde o período conhecido como "fase nacional" do Arena, Boal distinguiu-se por uma postura pouco ortodoxa, aberta às mais diversas soluções artísticas, como o demonstra sua primeira teorização mais longa sobre o teatro popular, na qual distingue "expressão da realidade brasileira" e "realismo enquanto estilo" e afirma:

> O próprio expressionismo, estilo altamente subjetivo, procura transcrever uma realidade subjetiva que tem sua origem no mundo real. Para cada conteúdo devemos procurar a sua adequação formal correta. Se quisermos captar uma visão irracional do mundo, realizaremos melhor essa tarefa através do surrealismo, da mesma forma que, se vamos demonstrar criticamente que o 'ser social' condiciona o pensamento social, devemos recorrer a formas épicas. Porém, não necessariamente. Creio que apesar da enorme liberdade e dos amplos caminhos abertos pelo teatro épico, qualquer conteúdo épico pode ser transcrito dramaticamente[11].

A tônica é uma defesa do realismo enquanto expressão de uma realidade, sem que isso implique limitação estilística. A defesa da pluralidade parece tomar forma radical no ecletismo de *Zumbi* e *Tiradentes*, que se alça em proposta com a elaboração do Sistema Coringa.

Estaria Boal dialogando com possíveis "patrulheiros" que pudessem censurá-lo em nome de concepções rígidas de uma arte socialista, proletária, ou seja qual for a terminologia que então significasse a arte "correta" dentro das concepções de esquerda? Talvez secundariamente. No mínimo o Arena, chamado, no anos anteriores, de teatro meramente inconformado, responde agora ao CPC, classificando-o como "teatro clássico" em oposição à tendência revolucionária representada pelas transformações contínuas do Arena[12]. Mas em nenhum momento Boal se posicionará contra, diretamente, qualquer grupo ou peça que tenha uma proposta politicamente empenhada. Sua referência continua sendo um teatro político e sua teorização, os espetáculos de que é co-autor procuram realmente adequar-se a um determinado ideal de concretude, de realismo, ainda que não convencional.

Longe da plena liberdade formal, o Sistema realiza um esforço de contenção. Todo o ecletismo encontrará seus limites na estruturação fixa e rígida do espetáculo sobre a qual sus-

---

11. A. BOAL, "Tentativa de Análise do Desenvolvimento do Teatro Brasileiro", in *Caderno de Oficina*, São Paulo, Massao Ohno Editora, ago. 1961.
12. Ver p. 28.

tenta-se a pretensão não claramente enunciada do Sistema: permitir, em tempo adverso, a existência de um teatro político ágil e eficiente.

O Arena parece querer ocupar o espaço que ficara vazio com o desaparecimento do CPC e o faz, recuperando inclusive bandeiras levadas por este último no início da década. Ao conceber uma estrutura pela qual se tenha, no próprio espetáculo, a peça e sua análise, em que a mensagem busque a máxima transparência, em que se mantenha uma forma constante e, assim, reconhecível pelo público, Boal, de certa forma, retoma objetivos expostos por Oduvaldo Vianna Filho, em 1962, quando integrante do CPC:

> Todos os dados para que o espectador seja sensibilizado por uma peça devem estar dentro da própria peça. Não pode haver cenas, acontecimentos, personagens, situações que necessitem de uma visão de mundo que esteja acima e fora do mundo teatral criado. As peças ideologicamente perfeitas podem ser mudas para o povo se não lhe dão meios para a compreensão. É preciso um teatro ajustado à capacidade intelectual do povo brasileiro. Um teatro com formas já consagradas pela percepção popular. A forma nova será nova historicamente, será nova em relação à situação cultural da sociedade – não será necessariamente nova na história da arte (...). Diminuir os desenhos subjetivos dos personagens e inundar o palco de acontecimentos exemplares. Fazer teatro com evidências[13].

O interessante é que o Arena desenvolve tal proposta de um teatro compromissado no momento em que Vianninha já se coloca em posição muito diversa, deixando a defesa radical de um teatro popular, marcado por preocupações de eficiência política imediata. Em 1968, embora suas peças mantenham teor político, sem concessões, Vianninha considera "absurdas" as distinções entre um "teatro de esquerda, um teatro esteticista e um teatro comercial". Diante da crise então vivida pelo teatro brasileiro, procura fortalecê-lo sobretudo por seus aspectos comerciais. Bate-se por uma ampla "unidade", entendendo que a "contradição principal é a do teatro como um todo, contra a política de cultura dos governos nos países subdesenvolvidos"[14].

Tendo em conta os espetáculos da fase de nacionalização dos clássicos, pode-se dizer que o Arena, após 1964, radicaliza sua opção por um teatro que traduza a realidade imediata e sobre ela atue. E a radicalização não deixa de ser também uma forma de defesa da tradição empenhada da Companhia, no momento em que alguns de seus antigos pares enveredam por uma solução de unidade indiferenciadora, em que – e isto, so-

13. O. VIANNA FILHO, "Do Arena ao CPC", *Movimento* n. 6, Editora Universitária, out. 1962, p. 59.
14. *Idem*, "Um Pouco de Pessedismo Não Faz Mal a Ninguém", *Revista Civilização Brasileira, "Caderno Especial"* n. 2, julho 1969, pp. 69-78.

bretudo, atinge o Arena – o Teatro Oficina vai adotando uma prática e um discurso abertamente opostos à arte de intenções políticas que se fez nos anos sessenta[15].

Em 1968, através do programa da *I Feira Paulista de Opinião*, Boal abrirá baterias contra o Teatro Oficina, contra o teatro "comercial", voltado apenas à conquista do mercado, contra uma "esquerda teatral" que, como o grupo Decisão, teria, após o golpe de 64, guinado para a direita[16]. Na formulação do Sistema Coringa, em 1967, a discussão ainda não se coloca muito claramente. Insinua-se, porém, em todo o discurso e é com um desafio que Boal encerra seu "Elogio Fúnebre do Teatro Brasileiro...":

> Que cada um diga o que fez, a que veio e porque ficou. E que cada um tenha a coragem de, não sabendo por que permanece, retirar-se[17].

O tom peremptório é o de quem se dispõe a dividir, sugerindo mesmo a supressão de quem não opte pelas verdades em que o autor acredita. A atitude, pela aparente violência e sectarismo, causa arrepios. Mas por trás da invectiva existe também uma busca de unidade, sob concepção diversa daquela unidade ampla defendida por Vianninha: a coesão deve resultar da discussão, do confronto de propostas com vistas a desenvolver uma arte que resista à profunda ruptura da realidade operada pelos acontecimentos de 1964. O Teatro de Arena não abre mão de um projeto de teatro militante que se anuncia pelo menos desde a fase nacional da Companhia e que atinge momento de máxima condensação na proposta do Sistema Coringa e na montagem de *Tiradentes*.

Em 1967 o Teatro de Arena parece reatar as pontas desse projeto. Além da proposta de uma alternativa para um teatro popular, através do Sistema Coringa, quer-se reeditar iniciativas como a realização de um Seminário de Dramaturgia e o funcionamento de um Núcleo 2. Há sintomas de que o grupo se prepara para nova expansão, ao mesmo tempo em que insiste num discurso político, de intervenção no plano social e no meio teatral brasileiro.

O Arena já mantivera um Núcleo 2, no início da década, como meio de cobrir os deslocamentos da equipe por diversas regiões. Agora cria-se um núcleo experimental, a cargo de di-

15. A esse respeito, veja-se "A Guinada de José Celso – Entrevista a Tite de Lemos" RCB, *Caderno Especial n. 2*, pp. 115-130.

16. A. BOAL, "Que Pensa Você da Arte de Esquerda?", Programa da *I Feira Paulista de Opinião*, SP, Teatro Ruth Escobar, 1968.

17. *Idem*, "Elogio Fúnebre do Teatro Brasileiro Visto da Perspectiva do Arena", in *Arena Conta Tiradentes*, ed. cit., p. 21.

retores e atores novos, que virá a ser a escola de teatro para diversos profissionais que se destacaram em anos posteriores.

Participantes do Núcleo 2 irão integrando as montagens do Arena que se seguem a *Tiradentes*. Será com apoio nessa equipe que se abrirá uma nova sala de espetáculos, na sobreloja do teatro, o Areninha, e que se desenvolverá, em 1970, o Teatro Jornal. Serão ainda os elementos oriundos do Núcleo 2 responsáveis pela manutenção e multiplicação do projeto do Arena, na década de 70, dentro e fora do circuito comercial.

A proposta de um Seminário de Dramaturgia não vingará. Entende Mariângela Alves de Lima que "é mais difícil agora reconhecer e representar uma realidade que sofreu alterações bruscas"[18].

Talvez mais que a dificuldade de representar um mundo fraturado, tenha pesado a impossibilidade de unificação, em torno de um único projeto, de uma esquerda cindida, de oposições dispersas – a realidade que *Tiradentes* e a teorização sobre o Coringa já revelam.

Encontrou-se, para o Seminário, uma alternativa: a *I Feira Paulista de Opinião*. O espetáculo apresentado na sala Gil Vicente reúne textos de Augusto Boal (*A Lua Muito Pequena e a Caminhada Perigosa*), Bráulio Pedroso (*O Sr. Doutor*), Gianfrancesco Guarnieri (*Animália*), Jorge Andrade (*A Receita*), Lauro César Muniz (*O Líder*), Plínio Marcos (*Verde que Te Quero Verde*). Confirma-se o empenho do Arena no sentido de congregar uma parcela do meio artístico.

Marcada por nítido cunho de agitação e propaganda, a *Feira* reunia autores com formação diversa, sob uma única condição: um ponto de vista empenhado sobre a realidade político-social do país.

O espetáculo estréia em junho de 68, mediante recursos judiciais contra a proibição pela Censura. Estamos há seis meses do Ato Institucional nº 5 e ainda resta algum espaço – estreito, é verdade – para se enfrentar abertamente o poder.

Discutir, dizer a que veio, fora o repto lançado com *Arena Conta Tiradentes*, discurso repetido por Boal no programa de *Na Praça do Povo*, musical de Sérgio Ricardo, que estreara no Arena em janeiro de 68:

> Ninguém pretende formular o caminho certo, dar resposta de como fazer isto ou aquilo. Pretende-se apenas discutir ou talvez ainda menos: propor um vasto temário para discussão. Esta, todos nós, artistas e público, continuaremos fazendo ainda por muito tempo.

18. M. A. LIMA, texto cit., *Dionysos*, p. 60.

A I Feira Paulista de Opinião vem como seqüência desse debate que o Arena quer ampliar. A julgar pelo texto com que Boal apresenta a mostra[19], seu objetivo é tanto contestar o poder, emitir opiniões sobre o momento político quanto confrontar propostas para a sobrevivência de um teatro de atuação política. Não se trata de uma montagem circunstancial, mas de um ponto em um projeto de atuação que se caracteriza por procurar responder sempre às questões que se colocam para a esquerda frente à conjuntura nacional. Não representa, também uma nova fase de trabalho do Arena, mas dá corpo a idéias emergentes junto com a montagem de *Tiradentes*.

Tratando de construir uma unidade a partir da discussão de propostas, o Arena, em 1967, divulgara a sua: por trás de todas as sínteses a que aspira, o Sistema Coringa quer agrupar a prática do teatro político feito nos anos anteriores e mostrar-lhes a viabilidade dentro da nova, e difícil, situação histórica.

Enquanto realização teatral e desforra contra a ditadura, a *Feira* é bem-sucedida. Porém, enquanto seguimento de um esforço pró unificação de um teatro de esquerda não pode ter maior alcançe. Já em 1967 as cisões estão praticamente consumadas. O processo de crítica em relação aos erros passados cada vez mais se traduz em desencanto por tudo que a eles se relacione, inclusive a arte de propaganda política. Três anos após o golpe e porque a ruptura fora muito mais forte do que parecia a princípio, já se está gerando uma nova arte, violenta e desencantada, que terá poucos pontos em comum com as proposições recheadas de positividade do Teatro de Arena.

Considere-se ainda que o quadro institucional ia mudando rapidamente, o que tornava cada vez mais inviáveis práticas políticas e artísticas como as levadas no início dos anos sessenta. Faz-se impossível apostar em um teatro popular dentro dos limites impostos pela nova realidade política.

Não só a proposta do Arena não encontra espaço no teatro empresarial, como também o sucesso da Companhia parece sofrer algum declínio no final dos anos sessenta. *Tiradentes* já não é tão feliz, em termos de carreira quanto *Zumbi*, e para isso contribuíram desde razões relacionadas ao plano político-cultural a particularidades do espetáculo. A música, por exemplo, está longe das contagiantes composições de Edu Lobo para *Zumbi*.

Em 67, o Arena chega a montar um espetáculo, *O círculo de giz caucasiano*, que teve uma única apresentação, no teatro

19. A. BOAL, "Que Pensa Você da Arte de Esquerda?" Programa da *I Feira Paulista de Opinião*, 1968.

A Hebraica. *La Moschetta*, que estréia em novembro, ficará pouco tempo em cartaz e não terá maior significação entre as realizações da Companhia.

Após a *I Feira Paulista de Opinião*, no final de outubro de 1968, o Arena leva, ainda no teatro Ruth Escobar, a peça *Mac Bird*, de Barbara Garson, enquanto na sala do Teatro de Arena apresenta-se Norma Bengell, em *Cordélia Brasil*, de Antônio Bivar.

Dezembro, com a decretação do AI 5 veio cortar as possibilidades de ressurgimento. Durante o ano de 69 e início de 70, a Companhia vai manter-se razoavelmente unida mediante longas excursões pelos Estados Unidos, México, Peru e Argentina.

O Sistema Coringa, que se pretendia abertura de perspectivas, e com ele o novo impulso de ação do Teatro de Arena, teve a desventura de vir à luz na ocasião em que, seja pelas imposições institucionais, seja pelos rumos que toma o nosso processo cultural, vai-se fechando o ciclo cultural e político a que pertence e talvez seja até por isso que a forma de espetáculo eleita pelo Arena contenha problemas que entram em contradição com algumas das metas enunciadas por Augusto Boal.

A proposta de uma forma fixa que, integrando novas soluções, conserve as conquistas anteriores, soa como posição antivanguardista, empenhada na preservação do teatro enquanto forma capaz de traduzir a realidade. A contrapartida, porém, transparece no caráter marcadamente metalingüístico de *Arena Conta Tiradentes*, onde, como na mais desencantada arte contemporânea, todas as convenções se expõem e se fazem objeto de comentário. Onde a forma brinca consigo mesma é de se perguntar se existe sincera confiança em sua eficiência como veículo da idéia. E tanto *Zumbi* quanto *Tiradentes* deixam-se levar pelo espírito lúdico que se compraz em montar e desmontar a cena, saborear à vista do público cada descoberta.

Boal reconhece em *Zumbi* procedimentos um tanto anárquicos e os justifica como um momento necessário de quebra de convenções antes que uma nova convenção se imponha. Pretende que com *Tiradentes* tenha sido atingido esse segundo momento.

Como, porém, falar em recuperação de convenções diante de uma textura que se esgarça e desnuda? O espetáculo não estabelece pacto com nenhum dos estilos e gêneros adotados. Antes, a todos desvenda. O tom da peça é dado pelo gesto de desmascarar: desmascaram-se os falsos revolucionários e os procedimentos do inimigo, desmascara-se a pretensa inevitabilidade do fracasso e desmascaram-se, uma a uma, as convenções teatrais. A racionalização evita o caos que poderia advir do ecletismo de gênero e estilo, mas não esconde o atrito contra os limites da arte – todos os recursos cênicos, uma vez revelado seu caráter convencional, estão postos em questão.

Estranhamente, os autores valem-se de estruturas fragmentadas e expostas para construírem um discurso que se pretende revelação de verdades. E na medida em que as convenções são construídas e desfeitas em cena, a mensagem veiculada por seu intermédio pode parecer, também ela, produto de elaboração, de um raciocínio que se organiza à vista do público. São verdades contingentes, poderiam ser outras, se outro fosse o raciocínio, se outros fossem os recursos usados em sua construção. A verdade, em *Tiradentes*, é tanto mais passível de questionamento, quanto seu arquiteto pretende ser representado por um personagem mais próximo da vida social dos espectadores que dos habitantes da fábula. "Propomos", diz Boal, "que o Coringa seja paulista de 1967"[20]. Trata-se, portanto, de alguém que compartilha a mesma experiência dos espectadores, não dispondo, sobre eles, de autoridade.

A fragilidade se estende ao outro extremo do Sistema, a concepção do herói modelar, com o qual devemos nos identificar, portador de uma verdade que deveríamos viver. Como analisa Anatol Rosenfeld[21], a função protagônica é malograda, não consegue se realizar em meio à teatralidade dominante do espetáculo.

Separando-se o Sistema de sua atualização em *Tiradentes*, pode-se pensar que o efeito impositivo que se sente no espetáculo não decorra necessariamente da estrutura concebida por Boal, mas da maneira como foi utilizada, de tal modo que uma mensagem, discutível por evidentemente construída, veja sua discussão barrada por inúmeras reiterações e pela tentativa de envolvimento. Ali, tudo nos leva a crer que o Sistema, que se oferece como alternativa para um teatro popular, nasça de um pensamento que desconfia do povo, já que lhe proporciona um meio de discussão, mas trata de monopolizar o debate.

De qualquer modo, o sistema, pelo menos em sua aplicação conhecida, sugere que se desconfia também da eficácia da arte como veículo da mensagem, daí o artifício de trazer para o

20. A BOAL, "As Metas do Coringa", in *Arena Conta Tiradentes*, ed. cit., p. 31.

21. A. ROSENFELD, "Heróis e Coringas", *Teoria Crítica* n. 2, out. 1967.

mundo da ficção um personagem capaz de todas as operações para extrair a máxima evidência dos fatos narrados. Abstrações que se poderiam fazer a partir dos próprios acontecimentos representados acabam por operar-se através do discurso puramente conceitual.

O didatismo do Arena trai o gesto ansioso de quem expõe verdades imediatas e quer vê-las captadas de forma também imediata. Com isso acaba-se por substituir o destinatário naquilo que seria a sua atitude mais desejável: a de pensar.

Outra revelação nos vem das contradições do Sistema: um projeto artístico atinge seus limites e tenta-se, agonicamente, atar vínculos que poupem a opção extrema entre os objetivos da criação artística e a entrega ao imediatismo e referencialidade da exclusiva atuação política no cotidiano. Nesse contexto, o plano de um Seminário de Dramaturgia e seu substitutivo, a *Feira Paulista de Opinião* podem ser interpretados como recursos de realimentação, de resistência a impulsos que vão se impondo sobre o Arena.

Abstraindo-se os objetivos políticos do Sistema, a brincadeira com as convenções, que ele propicia, poderia oferecer perspectivas interessantes. Boal, tendo em vista a popularização do teatro, parte do pressuposto de que o público só poderia apreciar bem algo cujas regras conhecesse – daí a concepção de uma forma fixa de espetáculos. A pluralidade de gêneros e estilos em seu interior garantiria, se bem a entendemos, a liberdade de criação para o artista e o espaço para a inovação, ou a improvisação, como quer Boal. Ao mesmo tempo seriam respeitadas as expectativas do público, através da forma fixa, e rompidas, revelando novas possibilidades, por meio das soluções aplicadas a cada cena.

Todo o raciocínio sobre as vantagens dessa conjunção do fixo com o variável tem seu ponto de partida em uma comparação entre a fruição no teatro e o acompanhamento de uma partida de futebol. O raciocínio é discutível já a partir da suposição de que o povo aprecie devidamente o futebol porque lhe conhece as regras. Mas a solução é engenhosa e poderia subsidiar a proposta de uma ampla pedagogia que não se resumisse à veiculação de conteúdos, mas servisse a uma espécie de educação artística das platéias, revelando-lhes os recursos do teatro. Este aspecto não vem explicitado na descrição do Sistema Coringa. Boal só defenderá a exposição de convenções quando descobre para isso um sentido político. Ao elaborar a proposta do Teatro Jornal fala em passar ao povo os meios de produção do teatro[22].

Em 1970, o Teatro de Arena como que retoma fôlego e expõe, em dois espetáculos levados na mesma ocasião, a renovação e a continuidade de propostas. A renovação fica por conta do *Teatro Jornal – Primeira Edição*, que estréia para o público, no Areninha, em setembro, após quatro meses de pesquisas. A continuidade fica com a montagem de *A resistível ascensão de Arturo Ui* que estréia em outubro.

A crítica de Sábato Magaldi a *Arturo Ui* começa por situar brevemente o contexto cultural em que se dá a montagem:

> Para quem acompanha a maré montante do irracionalismo, expresso em apelos para a utilização de alucinógenos e de correntes subliminais, *Arturo Ui* funciona como um bálsamo..."[23].

O espetáculo do Arena é uma atividade contra a corrente, não no sentido de antepor-lhe algo novo, mas no de tentar repor valores que estão sendo abandonados, entre eles, a racionalidade. Não é à toa que nos anúncios de *Arturo Ui* se insiste em apresentá-lo como um "espetáculo lúcido".

Com um texto brechtiano, o Arena retoma o esquema de espetáculo no qual seu projeto artístico atingira, a seu ver, a maior racionalização. E não convence.

> Uma certa insatisfação do espetáculo [diz Sábato Magaldi] vem do próprio Sistema Coringa, elaborado por Augusto Boal. Toda fórmula, utilizada mais de uma vez, tende a transformar-se em forma. A criação artística, feliz ou infelizmente, não pode permanecer num achado, e reclama sempre novos inventos.

Para o crítico, o emprego do Sistema sugere agora tão somente falta de recursos, associada aos problemas econômicos e às limitações do palco do Teatro de Arena.

Parece-nos que a inadequação da montagem deve-se não apenas à repetição de uma fórmula, mas ao contexto em que isso ocorre. Mantém-se irresolvida uma contradição entre ideais de criação artística e o gênero de militância teatral perseguido pelo Sistema. Tanto para essa contradição, quanto para aquele gênero de militância não há mais espaço dentro da nova realidade. Resta ao Arena decidir-se ou repetir-se.

Conclui Sábato Magaldi:

> Sob o prisma propriamente artístico *Arturo Ui* não acrescenta nada à trajetória do Arena, mas encerra uma verdade que é bom ouvir nos dias de hoje.

---

22. A. BOAL, *Técnicas Latinoamericanas de Teatro Popular*, Buenos Aires, Ediciones Corregidor, 1975. O texto em questão, "Categorias do Teatro Popular", foi distribuído, em edição mimeografada, em 1970.

23. SÁBATO MAGALDI, crítica do espetáculo, *Jornal da Tarde*, 28.10.1970.

Enquanto isso, a decisão que não se mostra em *Arturo Ui* está sendo gerada no Areninha, onde um elenco jovem (Edson Roberto Santana, Hélio Muniz, Denise Falotico, Celso Frateschi, Elísio Brandão), a última "cria" do Núcleo 2, expõe a experiência mais diretamente didática da Companhia. São nove técnicas para se transformar uma notícia em cena teatral. Leitura, dramatização, música, cruzamento de notícias diferentes servem de comentário aos fatos ou conferem relevo àquilo que poderia passar despercebido entre as manchetes.

A concepção do Teatro Jornal está inserida em uma linha de teatro de intervenção que Boal vai extremar, posteriormente, com as atividades que realizará fora do Brasil.

Os anúncios do espetáculo, se é que se pode considerar espetáculo, têm destinatário e objetivos expressos. Fazem-se descontos para estudantes, professores, sindicalistas ou grupos com mais de vinte pessoas, particularmente aquelas que também queiram fazer teatro jornal. "Você não precisa ser atleta para jogar futebol; você não precisa ser artista para jogar teatro", proclama o Arena. "Nós fazemos a Primeira Edição, vocês farão a segunda"[24].

Ao tempo em que se apresentava para o público o *Teatro Jornal – Primeira Edição*, promoviam-se sessões para ensinar, ou passar as técnicas, a grupos interessados em aplicá-las. Essa aplicação se destinava primordialmente ao trabalho político e vai aparecer em escolas, em atividades ligadas ao trabalho sindical e mais freqüentemente junto ao chamado "trabalho de bairro", implantação de ações de organização comunitária nos bairros populares.

O aprendizado do teatro jornal tinha certo sabor de clandestinidade. Era olhando em torno, ressabiados, que os grupos, em geral muito jovens, chegavam para as sessões em que se expunham didaticamente os meios de transformar a notícia cotidiana e recuperar o sentido dos fatos banalizados.

O Teatro de Arena atinge então a face extrema de uma das tendências de sua trajetória, que se acentuara a partir dos musicais: a propagação de suas experiências. E nesse momento sua proposta acaba por se somar a outras, não necessariamente estéticas, que, no final da década de sessenta vão levando ao abandono das instituições. Fora do quadro institucional, ou forçando seus limites, correrão a guerrilha, o movimento hippie, a arte chamada marginal, o teatro político levado em bases não empresariais.

24. *Jornal da Tarde*, 20 e 22.09.1970.

Augusto Boal fala do Sistema Coringa como síntese das etapas anteriores do Teatro de Arena. Se não o foi enquanto superação da singularidade que, segundo seu diretor, marcara a fase nacional, e da abstração característica da nacionalização dos clássicos, conseguiu, pelo menos, combinar a criação de uma dramaturgia original, que falasse de temas brasileiros, discutindo também tópicos políticos gerais. Combinou ainda o realismo stanislavskiano da primeira fase com as tendências teatralistas desenvolvidas durante a nacionalização dos clássicos.

Apesar de todas as contradições, o Sistema Coringa tenta manter a harmonia entre as exigências estruturais da obra de ficção e o impulso de atirar-se ao discurso imediatamente político. É a última tentativa de relevo que o Arena faz para continuar sendo um teatro que cria espetáculos ao mesmo tempo que cumpre uma função política. Seu passo seguinte, a concepção do Teatro Jornal implicava já subversão de objetivos habituais do teatro: o Arena abandona o sentido do espetáculo, não quer mais contar histórias, nem, através delas, dar lições sobre a realidade brasileira ou sugerir saídas políticas. O Arena não quer mais, simplesmente, falar ao povo, mas passar ao público, seu público de eleição, os meios de fazer teatro. O didatismo atingiu seu extremo e, como aceitando a tradição que lhe acompanhou o crescimento, o Arena mais uma vez multiplicou-se.

Parte 5. O TEATRO DE ARENA: HISTÓRIAS

A vida muda como a cor dos frutos
  lentamente
A vida muda como a flor em fruto
  velozmente
A vida muda como a água em folhas
  o sonho em luz elétrica
  a rosa desembrulha do carbono
  o pássaro, da boca
    mas
    quando for tempo
E é tempo todo tempo
    mas
não basta um século para fazer a pétala
  que em só minuto faz
  ou não
    mas
  a vida muda
  a vida muda o morto em multidão.

FERREIRA GULLAR
"Dentro da Noite Veloz"

Assim foram as histórias contadas pelo Teatro de Arena: a de Zumbi dos Palmares, a de Tiradentes e, através delas, um pouco de nossa vida nos anos sessenta.

São histórias de valor. Falam de gente que, não obstante os muitos erros cometidos, opuseram-se à opressão, à injustiça e sonharam uma terra melhor. Diríamos que também se trata de narrativas corajosas, apesar de todas as restrições que lhes possamos fazer.

A ousadia dos musicais não reside apenas na eleição de temas que enfrentam a censura de um governo autoritário. Na verdade, as peças agitam, muito mais, uma polêmica no interior das oposições, um grupo do qual o Arena é parte. Até um pouco por isso se explica o terem sido os autores mais compassivos do que poderiam ou deveriam ser – eles revolvem ferimentos na própria carne, dores recentes.

Talvez, em termos de qualidade artística, preferíssemos, à comunicação direta, tão pouco trabalhada de *Zumbi*, uma obra na qual o sofrimento pelos insucessos políticos e aquele que vem da pequenez dos homens se entrelacassem e, depurados do grito, se transformassem na dor maior, que cala, perdura e transcende as circunstâncias. Mas temos que reconhecer coragem, venha ela da deliberação ou da inconseqüência, no despudor com que a angústia se revela, na espontaneidade freqüentemente descabelada com que se exibem a dor, a revolta, a ânsia desarmada ou mal-armada de superar uma realidade negativa. Não se sonega ao espectador nada dessa emoção entre negativa e positiva, muitas vezes patética.

Em *Tiradentes* tenta-se, de modo geral com êxito, represar a emoção e dirigi-la para fins determinados. E a ousadia da revelação sem rebuços transporta-se para outro nível. São agora as estruturas que se desvendam, cada recurso cênico ou literário pondo à vista sua intencionalidade.

Nas duas peças opta-se por evidenciar o ponto de vista: O Arena conta a história. À astúcia da linguagem elíptica contrapõe-se o atrevimento de quem não esconde, por trás das máscaras de cena, a existência do cidadão disposto a intervir em um debate que no momento se processa, e a torná-lo público.

As metáforas dos textos podem resguardá-los da ação dos governantes, mas nunca da decodificação – e possível desagrado por parte daqueles que representam o verdadeiro alvo de uma crítica que, se é benevolente em *Zumbi*, ganha acidez em *Tiradentes*.

Há outras ousadias. Com os musicais o palco do teatro empresarial é invadido pelo discurso descaradamente político, que surge tão nítido quanto lhe seria possível em um tempo de censura. Abandonam-se sutilezas e de uma peça para a outra cresce o empenho. O teatro não se limita à crítica, mas arrisca-se a fazer análise política e a trazer propostas. O Arena retoma e aprimora uma arte militante até então circunscrita aos grupos de cultura popular que corriam à margem do teatro comercial. Resgata-se a herança do recém-destruído CPC.

Os espetáculos marcam-se, ainda em outro nível, por uma recusa da cena em ser bem comportada. Acolhe-se todo tipo de humor, da fina ironia à bandalheira. Aceitam-se todas as linguagens, todos os estilos, do mais elevado ao escabroso. Vive-se uma explosão de discurso direto, vivo que embora hoje nos possa parecer grosseiro e falto de elaboração artística, ganha pela comunicabilidade, pelo contato rápido que atingia.

Zumbi e *Tiradentes* são peças irreverentes. Desrespeita-se a História, brinca-se com as convenções teatrais, afronta-se o bom tom. Existe nelas o que se poderia chamar de "molecagem", a vitalidade de adolescentes um pouco desastrados.

A irreverência tem um sentido que é de certa forma político e ultrapassa a evidência dos enunciados.

A violência repressiva que após 1964 sufoca as atividades políticas e sindicais, vai atingindo a esfera da cultura e avança para o terreno existencial, censurando ideias e comportamentos não regidos pelos padrões sociais conservadores. Por muito tempo neste Brasil se confundiram cabelo comprido e comunismo.

Roberto Schwarz descreve de forma saborosa as misérias daquela época:

> Agora, no rastro da repressão de 64, era outra camada geológica do país que tinha a palavra. "Corações antigos, escaninhos da hinterlândia, quem vos conhece?" Já no pré-golpe, mediante forte aplicação de capitais e ciência publicitária, a direita conseguira ativar politicamente os sentimentos arcaicos da pequena burguesia. Tesouros de bestice rural e urbana saíram à rua, na forma das "Marchas da família, com Deus, pela Liberdade", movimentavam petições contra divórcio, reforma agrária e comunização do clero, ou ficavam em casa mesmo, rezando o "Terço em Família", espécie de rosário bélico para encorajar os generais. Deus não deixaria de atender a tamanho clamor, público e caseiro, e de fato caiu em cima dos comunistas. No pós-golpe, a corrente de opinião vitoriosa se avolumou, enquanto a repressão calava o movimento operário e camponês. Curiosidades antigas vieram à luz, estimuladas pelo inquérito policial-militar que esquadrinhava a subversão. – O professor de filosofia acredita em Deus? – O senhor sabe inteira a letra do Hino Nacional? –Mas, as meninas, na Faculdade, são virgens? – E se forem praticantes do amor livre? – Será que o meu nome estava na lista dos que iriam para o paredão? Tudo se resumia nas palavras de ardente ex-liberal: "Há um grandioso trabalho à frente da Comissão Geral de Investigações". Na província, onde houvesse ensino superior, o ressentimento local misturava-se de interesse: Professores do secundário e advogados da terra cobiçavam os postos e ordenados do ensino universitário, que via de regra eram de licenciados da capital. Em São Paulo, speakers de rádio e televisão faziam terrorismo político por conta própria. O Governador do Estado, uma encarnação de Ubu, invocava seguidamente a Virgem – sempre ao microfone – a quem chamava "adorável criatura". O Ministro da Educação era a mesma figura que há poucos anos expurgava a biblioteca da Universidade do Paraná, de que então era Reitor; naquela ocasião mandara arrancar as páginas imorais dos romances de Eça de Queiroz. Na Faculdade de Medicina, um grupo inteiro de professores foi expulso por outro, menos competente, que aproveitava a marola policial para ajuste de rancores antigos.
>
> Em menos palavras: no conjunto de seus efeitos secundários, o golpe apresentou-se como uma gigantesca volta do que a modernização havia relegado; a revanche da província, dos pequenos proprietários, dos ratos de missa, das pudibundas, dos bacharéis em lei etc. (...) Ressurgem as velhas fórmulas rituais, anteriores ao populismo, em que os setores marginalizados e mais antiquados da burguesia escondem a sua falta de contato com o que se passa no mundo: a célula da nação é a família, o Brasil é altivo, nossas tradições cristãs, frases que não mais refletem realidade alguma, embora sirvam de passepartout para a afetividade e de caução policial-ideológica a quem fala[1].

Se nada se salvasse dos musicais, restaria a felicidade com que fustigam esse arcaísmo, esse obscurantismo cultural que tenta impor-se com o golpe de 64.

As histórias que o Arena conta falam de movimentos derrotados e mostram como dessa derrota se pode tirar proveito. Com o fracasso, entendem, nem tudo se perdeu. Também as

---

1. R. SCHWARZ, "Cultura e Política no Brasil, 1964/1969...", pp. 70-71, ver n. 36, Parte 1.

peças, como seus personagens, tiveram desacertos. A crítica não lhes poupou censuras, quase todas plenamente justificadas. Nem tudo deu certo nas histórias contadas pelo Arena. Mas, veremos, nem tudo se perdeu.

Depois que aquelas histórias se acabaram, veio a hora de se contar o Arena, examinar com alguma distância o que representou sua enérgica atividade. Em se tratando dos musicais, esse olhar retrospectivo repõe as restrições feitas pela crítica por ocasião das montagens. Do conjunto de avaliações emerge a imagem de espetáculos até generosos em sua ambição, mas condenados por limitações que se instalam na medida mesma do estreitamento de seu horizonte político.

Em 1978, a revista *Dionysos* lança um número especialmente dedicado ao Teatro de Arena. Trata-se de um trabalho que, embora limitado pela natureza da publicação, documenta o essencial da trajetória da Companhia, através de informações colhidas em programas de teatro, periódicos, depoimentos, alguns recentes, e fotos. Sua segunda parte, assinada por Mariângela Alves de Lima, encobre com o modesto título de "História das Idéias", um ensaio crítico que, acompanhando os espetáculos realizados pelo grupo, discute, de forma sintética e precisa, seu projeto estético, sem perder de vista as circunstâncias históricas a que está vinculado por contingências e por opção.

Ao falar dos musicais, a Autora acentuará suas características de redundância e emocionalismo, esta última comprovada em todos os níveis dos espetáculos. Para ela, os musicais buscam comunicação emocional como o público, "através de personagens cujo traço distintivo é imediatamente visível e que pedem ao espectador sua adesão ou recusa"[2]. Alia-se a esse recurso a concepção de trama relativamente simples, associada ao envolvimento emocional da melodia.

> Nos musicais do Arena [observa], a ênfase emocional do canto é mais interessante que a maestria da interpretação musical. A voz humana é utilizada nos seus registros naturais, identificando os recursos do ator e do público. O homem que canta em cena tem alguma coisa importante a comunicar e isso parece mais urgente do que a utilização de intérpretes musicais especialmente treinados (p. 57).

Os recursos emotivos excedem a interpretação do ator e se estendem à disposição cênica:

> O espaço da arena atinge seu grau máximo de abertura. O movimento geral

---

2. M. A. LIMA, "História das Idéias", *Dionysos* n. 24, MEC/DAC-FUNARTE/SNT, out. 1978, p. 56. Nas próximas citações da mesma obra passamos a indicar apenas a página, entre parênteses.

das cenas é no sentido do círculo exterior da platéia para o centro do espaço, como se os atores procurassem arrastar o espectador para a participação direta na criação do espetáculo (p. 57).

A Autora reconhece em *Zumbi* qualidades literárias e musicais e, em *Tiradentes*, um tratamento inteligente do fato histórico, valores que somados à oportunidades dos espetáculos justificam a atração que exerceram sobre o público. Entende ainda que, em certo sentido, é a própria simplicidade com que se abordou a linguagem musical que inaugura a versão brasileira do gênero musical, afastando-se todo esforço de adaptação aos modelos americanos ou europeus.

> Introduzindo em cena as raízes africanas da nossa música popular, com uma linha melódica relativamente simples, o Arena aproveitou uma experiência comum aos atores e ao público (p. 57).

Não obstante as qualidades, e apesar de baseados em pesquisa histórica, os textos conteriam um índice de informações novas "bem menor que ao tempo em que o Arena procurava conhecer e criticar a realidade brasileira" – os espetáculos se dirigem a um público que "dispõe das mesmas informações do teatro. Não é preciso ampliá-las. É preciso encontrar um expressão comum para um problema comum (p.57).

> Entretanto, [prossegue], a teorização que se refere a todas as propostas do Arena ignorou o retrocesso desse período em comparação com a amplitude teórica das mudanças anteriores. Procurando justificar essa nova forma, a teoria não menciona explicitamente os motivos que poderiam justificar sua adoção: a invenção de um teatro possível dentro de condições adversas (p. 57).

Mariângela Alves de Lima insere a produção dos musicais no conjunto de atividades efetuadas ou planejadas pela Companhia na ocasião, considerando-as parte de "um movimento coletivo da sociedade brasileira, em que o Arena se encaixa" e tem como objetivo "conseguir um reagrupamento com forças sociais que não sejam exclusivamente representativas do movimento cultural" (p. 59).

São planos e realizações nos quais transparece a inadequação já que se trata de aplicar a uma nova realidade "métodos herdados de uma história anterior" (p. 59). Nesse sentido, é significativo que tenha malogrado o intento de um novo Seminário de Dramaturgia:

> Entre os planos e a realização há uma distância maior. Em 1958, o Seminário de Dramaturgia encontrava formas de expressão dramática para uma realidade cujas variáveis eram acessíveis ao dramaturgo. Quase dez anos depois, o Arena não consegue realizar o projeto de um outro Seminário de Dramaturgia. É mais difícil agora reconhecer e representar uma realidade que sofreu alterações bruscas (p. 59).

Um ano antes da publicação de *Dionysos*, o Teatro de Arena fora objeto de uma dissertação de mestrado, a de Sônia

Goldfeder[3], que estabelece comparação entre as realizações do Teatro de Arena e do Teatro Oficina com vistas a determinar o papel que desempenharam no processo artístico e histórico no qual se inserem, tendo como referência os conceitos de "teatro político" e "teatro revolucionário".

Para ela, manifestação artística revolucionária é aquela envolvida "não na recolocação de uma ordenação social já falsa, já em decadência, mas sim em denunciar a crise desta maneira de refigurar o real (e portanto a crise deste real), propiciando linguagens que se coadunem com o verdadeiro, processo de transformação social" (p. 13). Um teatro, em suma, que se empenhe na busca de novas formas, que leve o espectador à reflexão, mais à dúvida que às verdades prontas, não aquele que subordine o artístico à veiculação política.

Para tal formulação, a Autora apóia-se sobretudo em interpretações da obra de Brecht[4], opondo-a ao teatro de Piscator, o qual não visaria apenas à colocação de problemas, mas os apresentaria com soluções acompanhadas da indicação de combate. Para tanto, segundo Goldfeder, utilizando-se largamente da figura do herói positivo, Piscator estabelece com a platéia uma relação orientada mais para a emoção, na tentativa de comovê-la, "de pôr em jogo sua paixão revolucionária, mas não sua capacidade racional" (p. 3).

Ao modelo piscatoriano será aproximado o Teatro de Arena, em cuja trajetória a Autora surpreende uma vocação pragmática de quem se coloca tarefas políticas imediatas e que acaba por condicionar um projeto estético pautado em estruturas fechadas, baseadas em mensagens definidas e acabadas.

Entre as soluções artísticas adotadas pelo Arena, confere relevo à figura do herói positivo, cuja presença caracteriza *Eles Não Usam Black-Tie* e *A Semente*, de Gianfrancesco Guarnieri, *Arena Conta Tiradentes*, de Guarnieri e Boal e, por fim, *A Lua Muito Pequena e a Caminhada Perigosa*, de Augusto Boal, que tem como protagonista Ernesto "Che" Guevara. O Arena, conclui, opta pela construção de tipos modelares, negativos ou positivos,

os últimos carregados de uma carga de idealidade, centrados pela figura limite; o personagem heróico (...). A permanência do herói-positivo caracterizou de ma-

3. S. GOLDFEDER, *Teatro de Arena e Teatro Oficina – O Político e o Revolucionário* (ver nota 14, p.   ). Ao citar estamos indicando as páginas, entre parênteses.

4. Principal fonte citada por S. Goldfeder: F. POSADA, *Lukács, Brecht e a Situação Atual do Realismo Socialista*, Rio de Janeiro, Civilização Brasileira, 1970.

neira irrestrita as manifestações do grupo; a opção pelo delineamento de "comportamentos ideais" a serem adotados, decorrente do afã de apresentar alternativas para a superação dos impasses do presente vivido, acaba por contribuir no encobrimento deste real (pp. 228/229).

Quanto à relação entre palco e platéia, entende que ela se marca pela empatia, fundada em apelos emocionais. Os espetáculos acabavam por incidir no efeito catártico. Substituía-se, desse modo, "a participação política pelo próprio ato de fruição do espetáculo" (p. 231).

Sônia Goldfeder estabelece paralelo entre a evolução que se verifica na forma de conceber o personagem positivo e a crescente explicitação de um discurso que tende a radicalizar-se, acentuando cada vez mais o imediatamente político, em detrimento dos objetivos artísticos.

Na fase nacional do Arena, tomando por base as peças de Guarnieri, verifica que o discurso político subordina-se ao episódio-social. Em outras palavras, o político emana dos acontecimentos representados.

No extremo oposto situa-se *A Lua Muito Pequena*, de Boal, apresentada em 1968, na *I Feira Paulista de Opinião*. Nesta, praticamente desaparece a efabulação. O político ganha autonomia e se faz explícito.

Arena Conta Tiradentes, embora a dissertação não chegue a desenvolver esta idéia, projeta-se como um momento de "virada" em termos de uma radicalização do projeto de Arena. Aqui, o episódio, tendo embora alguma importância, serve de artifício, subordinando-se ao discurso político.

O personagem positivo que nas peças da fase nacional era representado através de indivíduos à primeira vista comuns, embora dotados de qualidades que lhes permitiam exceder o conjunto de seus pares, torna-se em *Zumbi* e *Tiradentes*, o herói cuja imagem positiva já é aceita *a priori*, o que favorece a composição maniqueísta das peças.

Por fim, em *A Lua Muito Pequena*, a construção do herói atinge seu ponto extremo enquanto idealização do indivíduo. A par disto, abandona-se a analogia que sustentava a composição dos musicais e trata-se de frente uma problemática contemporânea. A peça contém uma convocação explícita – "não se tratava, portanto, de uma proposta consoladora: o 'dia que virá' exige uma participação direta, ativa. Não se fala em espera, mas sim em ação" (p. 149).

O trabalho mostra, em suma, uma evolução do Teatro de Arena no sentido de radicalização, de levar às últimas conseqüências um projeto que se classifica como "pragmático". Com isso, as limitações dos musicais são encontradas em uma opção estético-política cujas raízes se fixam desde 1958, com *Eles Não Usam Black-Tie.*

O radical, conclui-se da análise de Sônia Goldfeder, não se confunde com o revolucionário. O Arena levou até o extremo de suas potencialidades uma linha de teatro político que não era suficiente para questionar o real e fazer vislumbrar o novo.

É preciso relativizar um pouco a visão de Sônia Goldfeder no que respeita a tomar o personagem positivo como o aspecto mais característico da produção do Arena. Aliás, a própria Autora vai mostrar a presença desse recurso basicamente na obra de Guarnieri, onde, de fato, a positividade e a idealização se fazem marcantes e não se resumem, inclusive, à concepção de personagem modelar.

Considerando as peças levadas na fase nacional (58/61) veremos que aquele traço existe em *Eles Não Usam Black-Tie*, mas não é dominante, por exemplo, na amarga *Chapetuba Futebol Clube*, de Oduvaldo Viana Filho, e muitos menos aparece em *Revolução na América do Sul*, de Augusto Boal, uma peça inteiramente construída a partir de negações, na qual todos os estratos sociais, vítimas e aproveitadores, exploradores e explorados, se fazem alvo de uma crítica demolidora, sendo configurados através de um cáustico humor que a nada respeita.

Nada mais hostil à criação de personagens-modelo do que a comicidade que marca os espetáculos levados na fase imediatamente seguinte, a de nacionalização dos clássicos. Das diferentes tendências que descrevemos ao contar a trajetória do Arena, a que se torna preponderante no período 62/64 não é aquela que valoriza o realismo enquanto estilo, o nacional ou a criação de tipos modelares, mas exatamente a inclinação que se manifesta na obra de Boal para a estilização, para a abstração, a generalização e o distanciamento pelo humor.

Décio de Almeida Prado, referindo-se a *Tiradentes*, observa que a peça lembra ao mesmo tempo *Revolução na América do Sul* e *A Semente*, concluindo:

> De Gianfrancesco Guarnieri será provavelmente a idealização do herói revolucionário, considerado como paradigma moral. De Augusto Boal deverá provir o senso cômico corrosivo[5].

Quase o mesmo se poderia dizer de Zumbi, onde a positividade e o humor se combinam, onde encontramos um perso-

---

5. D. A. PRADO, "Arena Conta Tiradentes", art. cit.

nagem heróico, mas também estruturas de cunho brechtiano que já haviam aparecido em *Revolução na América do Sul*.

É sintomático que o emotivo esteja mais carregado na primeira peça, em boa parte concebida na ausência de Boal, que acompanhava no Rio a carreira de Opinião. Não queremos com isso restringir o emocional, que aliás não nos parece tão negativo quanto o vê a crítica, à contribuição de Guarnieri. O humor é também presente em suas peças e recursos distanciadores aparecerão em espetáculos como *Castro Alves Pede Passagem*. Porém, inegavelmente, o traço em questão é muito mais próprio dele que de seu parceiro nos musicais.

Boal, ao criar *Tiradentes*, aparentemente converte-se e passa a propor a criação de personagens modelares. "Precisamos de Heróis"[6], afirma. E para reafirmá-lo tomará a seguir, como tema e protagonista, Guevara, um personagem tão heróico, tão malogrado e quase tão isolado quanto o Alferes.

Há, porém, particularidades a destacar quanto à inserção do herói em *Tiradentes* e a sua presença nos primeiros textos de Guarnieri. Nestes, o personagem positivo é um recurso estilístico em plena harmonia com o conjunto literário no qual se insere, ao passo que no musical foi preciso conceber uma peça dentro da peça para contê-lo e ainda assim, como bem observou Anatol Rosenfeld[7], não se elimina o atrito entre este traço ímpar e o restante da obra.

Em *Tiradentes* o herói é tomado de forma deliberada, mas sem que se alcance sincera e perfeita aderência. Lembremo-nos de que a identificação com o personagem acaba por ser tematizada em cena e veremos que ela se torna um recurso como os outros, utilizado como convenção que serve a um momento, a um objetivo de expressão. No tratamento dado ao herói, como na utilização de outros recursos emotivos, interfere o demônio da racionalidade, do cálculo, que neste espetáculo se mantém constantemente vigilante.

A quem corresponde o demônio? Pelos antecedentes somos tentados a atribuí-lo a Boal, mas isso não pode ser provado na peça – ela não contém fraturas que permitam distinguir a contribuição dos dois co-autores. O fato é que não importando de onde provenham, a positividade e o distanciamento crítico, igualmente presentes, desenvolvem nos musicais linhas distintas que preexistiam nas produções do Arena e que atingem

6. A. BOAL, "Quixotes e Heróis", *Arena Conta Tiradentes*, ed. cit., p. 56.
7. A. ROSENFELD, "Heróis e Coringas", n. 24, p. 35.

agora, ao se somarem, sua forma radical: o indivíduo positivo se transforma em herói arquetípico e, valendo-se inclusive desse traço, o discurso didático-demonstrativo busca a extrema eficiência. Os autores valem-se de recursos de natureza diversa sempre como forma, não de suscitar dúvidas, mas exatamente de impedir que elas se estabeleçam.

Sônia Goldfeder e Mariângela Alves de Lima insistem nos aspectos emocionais dos espetáculos. A concepção de um herói, de um personagem positivo; a música, cujo registro emotivo sobrepõe-se à excelência da execução; a interpretação e a própria marcação são arrolados como propiciadores de um envolvimento censurável por implicar discurso não inovador, redundante, que, desse modo, deixa de questionar o real, ou, conforme Mariângela Alves de Lima, "minimiza o fator de conhecimento que a obra de arte deve conter"[8].

O ensaio de Roberto Schwarz a que já fizemos referência[9] é o primeiro texto, entre as avaliações "a posteriori", que desenvolve a relação entre os apelos emocionais e a insuficiência do pensamento crítico nos musicais do Arena.

O Autor assinala o caráter tautológico de espetáculos como *Opinião* e *Zumbi*, estranhas congratulações de uma esquerda derrotada que, não obstante, "triunfava sem crítica, numa sala repleta, como se a derrota não fosse defeito" (p. 83) e, sem assimilar o julgamento do populismo, encontrará seu limite estético na própria falta de respostas políticas suficientes.

Em *Zumbi*, considera Schwarz que o recurso à analogia, usando-se o fato passado para referências ao presente, realiza-se de maneira feliz, até mesmo por aspectos aparentemente censuráveis:

a linguagem necessariamente oblíqua tem o valor de sua astúcia, que é política. Sua inadequação é a forma de uma resposta adequada à realidade policial. E a leviandade com que é tratado o material histórico – os anacronismos pululam – é uma virtude estética, pois assinala alegremente o procedimento usado e o assunto real em cena (p. 83).

Entretanto, também se opera um movimento na direção oposta, cuja realização torna-se discutível: a peça reencontra no episódio de Palmares uma luta que seria já a luta do povo contra o imperialismo. Em conseqüência desta identificação,

apagam-se as distinções históricas – as quais não tinham importância se o escravo é artifício, mas têm agora se ele é origem – e valoriza-se a inevitável banalidade do

---

8. M. A. LIMA, *op. cit.*, p. 59.
9. R. SCHWARZ, "Cultura e Política no Brasil 1964/1969" (v. n. 36, p. 44). Estamos indicando as páginas da edição citada.

lugar-comum: o direito dos oprimidos, a crueldade dos opressores; depois de 64, como no tempo de Zumbi (séc. XVII), busca-se no Brasil a liberdade.

Conclui Schwarz:

o vago de tal perspectiva pesa sobre a linguagem, cênica e verbal, que resulta sem nervo político, orientada pela reação imediata e humanitária (não política, portanto) diante do sofrimento (p. 83).

Em *Tiradentes*, a contradição estético-política revela-se no método adotado para a construção da personagem principal que é "apresentada através de uma espécie de gigantismo naturalista, uma encarnação mítica do desejo de libertação nacional" (p. 84). Ao herói cabe o método que menos apela à inteligência, enquanto o método brechtiano aplica-se aos inimigos. Trata-se de um impasse formal que parece a Schwarz corresponder a

um momento ainda incompleto da crítica ao populismo. Qual a composição social e de interesses do movimento popular? Esta é a pergunta a que o populismo responde mal. Porque a composição das massas não é homogênea, parece-lhe que mais vale uni-las pelo entusiasmo que separá-las pela análise crítica de seus interesses (p. 84).

Se o fácil envolvimento emocional revela de maneira mais clara as limitações dos musicais, ele é apenas a feição mais terrível de uma postura tutelar que compromete também os elementos que parecem dirigir-se à racionalidade.

Embora tenham-se fixado muito em um único traço das produções do Arena (o personagem positivo), é Sônia Goldfeder quem estende um pouco a discussão ao lado não emocional de *Tiradentes*, compreendendo o recurso ao herói como não contraditório, mas complementar a um espetáculo pautado em estruturas fechadas. Como procuramos mostrar, naquela peça todos os recursos empregados participam de um verdadeiro cerco ao espectador. Reiteram-se pela música, pelos comentários, pelas explicações, pela caracterização de personagens, pontos de vista subjacentes à ação. Herói e Coringa são ali faces da mesma moeda: o envolvimento emocional e o discurso mais puramente conceitual se combinam na ânsia de transmitir uma mensagem positiva, evitando toda interferência que a obscureça.

O Arena ensaia um discurso didático e acaba por incidir no doutrinário, na exposição de verdades prontas, através de uma linguagem altamente reiterativa. E consegue provar, pelo menos, que o domínio de uma técnica não é garantia de bons resultados. Não basta usar recursos brechtianos para se chegar a um teatro de profundidade crítica. Os instrumentos falham quando utilizados para questionar uma realidade que o pensamento não pôs efetivamente em questão.

Haveria, para compensar tanto esforço malogrado, algo de novo no teor das verdades veiculadas pelas peças? Os críticos entendem que não, uma vez que as qualificam como tautológicas ou redundantes. Sônia Goldfeder, por força de sua área de especialidade, vai deter-se, além dos traços formais, sobre certos tópicos políticos, como a noção de "povo", para mostrar que o Arena insiste em formulações bem pouco revolucionárias e, desde 1958, não altera substancialmente suas concepções.

No cômputo final, os três estudos acabam por considerar as criações do Arena como pouco críticas e suas propostas como não renovadoras. Os três, ainda, relacionam os limites do Arena a situações contextuais. Mariângela Alves de Lima fala de um movimento coletivo ao qual o Arena se integra e que busca um amplo reagrupamento de forças. Classifica os musicais como um teatro possível em condições adversas. Sônia Goldfeder justifica as estruturas fechadas por um afã de apresentar para os impasses do momento vivido. Roberto Schwarz compreende os desacertos na situação em que

a experiência social empurra o artista para as formulações mais radicais e justas, em que se tornam por assim dizer obrigatórias sem que daí lhes venha, como a honra ao mérito, a primazia qualitativa[10].

Não é diversa, em termos gerais, a imagem que extraímos a partir do exame das peças e da teorização sobre o Sistema Coringa. O Arena parece menos atento em criticar e buscar o novo do que em preservar e aglutinar.

Como se viu, em *Zumbi* e *Tiradentes*, embora se apontem as falhas pelas quais as forças populares se oferecem à derrota, a censura se faz com benevolência. A simpatia para com os derrotados é clamorosa no primeiro musical. No segundo, a crítica torna-se aguda, mas seu efeito é atenuado pela oferta do modelo, do herói positivo com quem o espectador pode identificar-se e através do qual se sugere a existência de uma direção correta, à qual se perdoam todos os equívocos.

Mais uma vez nos lembramos aqui de *A Semente*. Esta peça discute a linha de ação do Partido Comunista, seu imobilismo, dogmatismo, a distância que se mantém entre a sua teoria e a prática. A crítica, porém, se faz por dentro, isto é, sob um ponto de vista solidário. Mesmo caído em desgraça, Agileu, o protagonista, não renega a luta, nem sequer o Partido. Enganos

10. R. SCHWARZ, *op. cit*, p. 85.

eventuais (seriam tão eventuais?) não comprometem uma direção, não justificam rompimentos, nem a interrupção do combate. No final da peça, Agileu, entre mendigos — terreno bem pouco indicado para jogar sua semente — continua exortando à luta:

> Há tanta coisa gente, mas tanta, que pode ser feita. Temos dois braços e uma cabeça e somos os donos do mundo. Será justo ficar aqui esperando o sol, enquanto há tanto para criar?[11]

Nos musicais, a divisão eventualmente operada ao se considerarem os erros deve, no final, resultar em soma de forças sob a bandeira de uma liberdade pouco precisa e da fé em um povo, o qual, por ausente, não pode funcionar como o fiel que decida sobre o peso das propostas.

Existe em *Zumbi* e *Tiradentes* uma crítica, existe uma análise de realidade precisa o suficiente para marcar uma imposição política, o que poderia impedir a adesão de uma parte da esquerda. Mas a análise fria não é o fim, o objetivo. As peças caminham para a exortação. É a ela que serve a consideração dos erros. O questionamento torna-se apenas um meio para se falar da importância de dar continuidade à luta. É preciso compreender o passado recente para dar seqüência a um combate em que não mudam, no fundamental, nem os alvos, nem os métodos.

Como complemento exato da atitude que preside à concepção dos musicais, a proposta do Sistema Coringa tenta promover uma recuperação de experiências, conciliação de linhas diversas, combinando a inovação e a permanência. Apresenta-se, ainda, uma bandeira restritiva e se quer, em torno dela, promover a unificação.

A preocupação em renovar, sem contudo a ousadia maior de romper com práticas passadas reproduz um pouco a opção que se confessa em *A Semente,* mas também responde a fatores conjunturais, a limitações, que logo após 64, marcam o pensamento de esquerda e não são, assim, privilégio do Teatro de Arena. Enfrentava-se uma realidade nova que a princípio não foi compreendida como tal. A ignorância da profunda mudança, a idéia de que a ditadura representasse um retrocesso passageiro, incapaz de se sustentar, permitia que se continuasse a agir como se fosse possível, eliminando apenas os fios irremediavelmente imprestáveis, reatar o movimento interrompido.

É verdade que se verifica evolução, de *Arena Conta Zumbi*

---

11. G. GUARNIERI, *A Semente,* ed. cit., p. 117.

para *Arena Conta Tiradentes*, quanto à seleção e arranjo dos recursos cênicos, quanto à profundidade da crítica e mesmo quanto à precisão dos conceitos políticos. Os conceitos, porém, permanecem conceitos, isto é, abstrações teóricas. Define-se "povo", mas o enredo não permite ver esse povo concretamente em ação. É esboçada uma alternativa de ação política, mas se conserva, no entanto, uma postura tutelar em relação à classe que, a nível do enunciado, se considerava como agente da revolução. As mudanças permanecem na superfície. Os novos conceitos não decorrem da plena absorção de um instrumental teórico que permitisse reverter os vícios da prática populista.

A nível das soluções dramáticas, o Arena condensa, dentro de um novo arranjo, experiências passadas, suas e dos movimentos de cultura popular com os quais se relacionara. Estão nos musicais elementos já usados em *Revolução na América do Sul*, aos quais se soma a positividade que, a nível do discurso e da construção de personagens, aparecia nas peças de Guarnieri.

Outra tendência experimentada na dramaturgia dos anos cinqüenta/sessenta foi a de combinar o popular e o erudito. Em 1965, essa tendência será retomada sobretudo pelo Grupo Opinião (ex-CPC) com *Se Correr o Bicho Pega, Se Ficar o Bicho Come*. Mas também *Zumbi* promoverá o encontro de Brecht com o cantador nordestino e *Tiradentes*, a convivência do teatro clássico com a chanchada.

Também enquanto musicais, os espetáculos do Arena darão seqüência a tradições da década de sessenta. A arrancada da música popular brasileira que vem desde os anos cinqüenta, com a Bossa Nova, contará, no correr dos anos sessenta, com o impulso dado pelos movimentos de cultura popular que praticamente redescobrem gêneros, compositores e intérpretes então à margem do mercado. Cartola, Nelson Cavaquinho, Zé Kéti, figuram entre os músicos cultivados pela ala dita moderada do CPC (liderada pelo compositor Carlos Lira), que buscava trazer à luz a autenticidade das criações populares.

Entre as heranças do florescimento musical, firmava-se o gosto por gêneros populares como os ritmos negros, o samba de morro, as cantigas nordestinas. Firmava-se também o direito ao canto para vozes menores ou estranhas. Começa a impor-se, acima de uma execução perfeita, a interpretação, a expressividade.

De todas essas contribuições serviu-se o Teatro de Arena a

cuja tradição se integravam, há muito, as aproximações com a música popular. Ainda, ao deixar que o canto partisse de atores sem dotes musicais, reproduzia-se uma prática social da época. Não havia, então, festa que não tivesse em seu centro um violão, não necessariamente bem tocado e, a seu redor, vozes reunidas ao acaso, sem preocupações de afinação, harmonizadas pela comunhão em sentimentos que todos podiam reconhecer.

Em diversos níveis, da música aos sustentáculos político-ideológicos, os musicais do Arena operam tal recombinação de experiências que, ao contarem *Zumbi* e *Tiradentes,* vão constando outras histórias: a das realizações do próprio Teatro de Arena, a das tendências artísticas, sociais e políticas dos anos sessenta.

Uma das chaves do sucesso dos espetáculos e da estreita cumplicidade que se cria entre o teatro e seu público está nesse reagrupamento de vivências que, como outras tantas histórias perpassam os musicais. Rearticulando soluções dramáticas que vêm desde a fase nacional, incorporando e desenvolvendo atividades dos grupos de cultura popular, revendo uma prática artística e uma prática política sem discuti-la no fundamental, o Arena refaz para (e junto com) seu público as experiências que ambos tiveram nos anos anteriores, sugerindo que é possível uma continuidade, sem fraturas, bastando reorganizar os dados adquiridos.

Redundantes por repetirem fórmulas costumeiras, endereçando-as a uma platéia que já domina as informações veiculadas, as peças pouco poderiam acrescentar. Ao invés de instigar, viriam reforçar convicções políticas e reiterar uma percepção estética.

Assim os críticos avaliam os musicais, sem atribuírem, em nenhum momento, a repetição de fórmulas a algum tipo de indústria. As limitações do Arena são explicadas por razões contextuais, basicamente políticas e creditadas a impulsos equivocados (nunca equívocos), mas generosos.

Observa-se que autores, atores e público co-participam de uma experiência forjada no correr de anos e que, após 1964, termina por gerar um acordo estreito entre os que faziam aquela época de perplexidade.

As limitações, o compromisso que as explica, são tanto maiores quanto mais íntima é a vinculação do teatro com sua platéia e quanto mais empobrecedoras são as condições em que se dá esse relacionamento.

Com os acontecimentos de 64, se destrói ou ameaça toda a efervescente produção cultural empenhada que marcara o período anterior. São sufocadas imediatamente todas as iniciativas diretamente ligadas a camadas sociais mais amplas. Impossibilitados de se espraiarem, os grupos atuantes, todo um potencial que até então poderia ter-se diversificado diante das múltiplas possibilidades que se abriam com os movimentos de cultura popular, acaba por se recolher e concentrar no restrito reduto em que lhe permitiam sobreviver. Toda a experiência artístico/política desenvolvida até então é carreada para esse circuito possível, resultando em acúmulo localizado de discurso político. Num movimento circular, público e arte, co-participantes do degredo, mutuamente se examinam, cobram e exacerbam a ânsia de participação.

O Arena vive com seu público, ambos circunscritos a limites acanhados, dentro dos quais acabam por erigir paliçadas feitas de formas de agir e pensar que os defendem, mas também os afastam da realidade que corre lá fora. É a esquerda reduzida ao gueto que se tenta romper por formas que redundam no desespero.

O espaço da Consolação, onde ficava o Teatro de Arena, é, nesse sentido, simbólico de uma intensa vida cultural e política que se confina: naquele tempo, todas as formulações da esquerda passavam pela Rua Maria Antônia, mas não se ampliavam para uma prática que fosse muito além das atividades ali realizadas ou preparadas. Da Consolação partiam as passeatas que iam protestar pelo "centrão" ou grupos que iam panfletar a periferia. Mas era para a Consolação que todos retornavam, para as discussões na Maria Antônia, para a cerveja no bar do Zé, ali na esquina da Dr. Vilanova, para as batidas no Quitanda, o *chopp* no Redondo, os filmes no Cine Bijou, os espetáculos teatrais no Arena. Era toda uma vivência que se auto-alimentava e se reproduzia em outros tantos redutos semelhantes pelo País.

Foi aos ilhados, aos seus companheiros de gueto que o Teatro de Arena dedicou os musicais. E foi com eles que os concebeu. O Teatro não se colocou como vanguarda no sentido de pôr-se à frente de seu meio, de sua arte, de seu tempo. Permaneceu junto, tão junto que acabou por refletir até naquilo que talvez não pretendesse o confuso mundo que ali se abrigava.

A nível do discurso explicitamente político, os musicais repetiam, no essencial, as discussões em que a esquerda se ocupava. Se o fracasso de 1964 deveu-se a práticas populistas, caminha-se, no fim da década, para definições que sustentam propostas de luta armada. Se até 64 se confiava na suposta ação reformista de uma burguesia nacional, agora se proscrevem as alianças de classes, posição que está tematizada em *Zumbi*. Em *Tiradentes* vai-se além – o capital e a indústria nacionais são desmascarados como falsos revolucionários.

O inimigo principal, de acordo com as teses de esquerda, continua sendo o imperialismo, que os musicais representam pelo poder da Metrópole colonial. Internamente, o latifúndio permanece como o grande adversário, o primeiro alvo da ação revolucionária. Em *Zumbi* são os senhores de terra os responsáveis pela escalada contra Palmares. Em *Tiradentes* é o latifundiário Silvério o personagem mais reacionário.

Não há mudanças essenciais entre esta análise da realidade e a que alimentava a prática política no período anterior. Não se chegou a um novo sustentáculo teórico. A esquerda elaborava soluções em cima de urgências, sem, inclusive, uma prospecção que lhe permitisse analisar as transformações da realidade sob o novo regime.

Os musicais revelam um aspecto grave dessa insuficiência política que então comprometia as mudanças no pensamento e na prática de esquerda: critica-se o procedimento populista que mantinha os trabalhadores à mercê das classes dominantes, mas opõe-se a isso uma concepção tutelar da ação das vanguardas. Todo o movimento proposto em *Tiradentes* é no sentido de ir ao povo e conclamá-lo, chamá-lo à luta. Ainda nada se aprendeu do que seja estar junto com o povo. As expressões de confiança em uma classe revolucionária são desmentidas pela urgência com que se quer, a partir de idéias levadas de fora, colocá-la em ação. É quase a mesma ingenuidade que leva os estudantes às portas das fábricas, buscando o apoio de operários para lutas que estes não tomam como suas.

É possível ver homologias entre um pensamento que não se revolucionou e o caráter das soluções cênicas aplicadas aos musicais. Não havendo novos instrumentos para se ler a realidade subvertida, fazia-se difícil promover mudanças substanciais. O fato é que se operava, em política, um novo arranjo de forças e de um ideário já existentes. Não é diverso o gesto do Arena ao resgatar e rearticular as experiências passadas, nem é diverso da prática ansiosa então levada pelas esquerdas o tipo de didatismo que se tem nos musicais: um aparato impositivo que rechaça a dúvida.

São defeitos não necessários, nem aceitáveis, mas, de certo modo, defeitos do tempo.

> Quando não se tem a iniciativa da luta e a própria luta termina por identificar-se com uma série de derrotas, o determinismo mecânico transforma-se em uma formidável força de resistência moral, de coesão, de perseverança paciente e obstinada [afirma Gramsci][12].

E nós nos perguntamos se não é uma situação semelhante que, nos anos seguintes a 1964, explica um pouco os descaminhos das oposições; se não é, ainda, uma situação semelhante que se mostra por trás das certezas mecanicamente afirmadas, das simplificações presentes em peças e propostas que anseiam por alimentar a resistência ao regime militar.

Participando da ânsia de ação e das limitações de seu tempo, os musicais revelam, por trás das insistentes afirmações, da agressividade presente no incitamento à luta, as contradições de quem tenta resistir, não tendo as armas necessárias para passar à ofensiva.

Zumbi é uma peça rebelde na qual a expressão da revolta manietada sufoca o aparato crítico. O espetáculo resvala para o ritual escapista, levando menos à consideração concreta da realidade que à vivência da utopia. Mas o modelo do Arena não é o rebelde e sim o militante e, nessa perspectiva, *Tiradentes* tentará corrigir os desacertos do primeiro musical. No entanto, a peça não consegue indicar de forma clara uma ação positiva, resolvendo-se em ironia. Teimosamente afirma e reafirma como se fossem certezas, idéias que o jogo de construção e destruição de convenções contamina com seu caráter crítico. Enquadradas pelo discurso conceitual do Coringa, as convenções constantemente rompidas gritam contra o militante que não permite a dúvida sobre verdades contingentes.

Construídas de tal modo que todos os elementos se encaminham para a exortação, tanto *Zumbi* quanto *Tiradentes* testemunham a pressa de chegar a propostas, de abrir saídas. Colado a seu tempo e a seu meio, o Arena, a exemplo do que ocorria com as vanguardas políticas de então, vai levando seu projeto por um caminho que rapidamente se aproxima das opções em retorno. Em 1968, com a *I Feira Paulista de Opinião* parece chegar-se ao extremo. De acordo com a análise de Sônia Goldfeder, o discurso, particularmente o da peça de Boal

---

12. A. GRAMSCI, *Concepção Dialética da História*, Rio de Janeiro, Editora Civilização Brasileira, 1981, p. 23.

sobre Guevara, torna-se explicitamente político. Parte-se para representar e discutir o presente de forma direta, sem o apoio da fábula que distancia os fatos. O Arena parece rebelar-se à arte para tentar atuação imediata sobre a vida.

Observados os desacertos, as insuficiências estéticas e políticas dos musicais e, tratando de relacioná-los a questões contextuais, chega-se à conclusão de que a Arte, de quem se espera, quando se pretende revolucionária, a superação dos limites de seu tempo, foi, no caso do Arena, sacrificada à fidelidade estrita que o grupo manteve em relação ao tempo e ao meio de que participava.

Seria essa adesão sem reservas suficiente para, além de explicar, justificar as falhas dos espetáculos? Certamente não. Tanto era possível na época um pensamento diverso, capaz de evitar certos descaminhos, que a crítica pôde reconhecer de imediato as principais falhas, tanto estéticas, quanto políticas das peças. As análises feitas em anos posteriores, com a vantagem do distanciamento, não alteram aquelas de 1965/1967. É indiscutível que o Arena tenha dado menos do que poderia se não estivesse preso a um horizonte restrito e retritivo. No meio da Consolação, o grupo assimilou pouco mais que a média das tendências ali existentes e manteve-se a meio caminho entre a conservação e a ruptura.

Um tal teatro militante talvez mereça a mesma arguição que o Coringa faz a Tiradentes: "queria estar junto, mas escolheu mal com quem"[13]. Ou, quem sabe, o destino de ambos nos permita colocar algumas perguntas. Seria a militância, necessariamente, uma condição cujo risco é chegar à abdicação de questionamentos profundos, ao embotamento do espírito por força de atender ao imediato? Levaria à ação generosa e cega que condenou o Alferes? Será preciso, como o rei Zambi e Tiradentes, chegar à catástrofe para conhecer a verdade? Será preciso estar fora da ação, como o Coringa, para dominar todos os dados? Ou estar, como Silvério, à parte da cena e em cima do muro, para reconhecer evidências?

Esperamos que não. E pensamos, diante disso, que nenhum desejo de servir a seu tempo, nenhum empenho em manter coesa a resistência, seja ainda condição bastante para que se compreendam alguns erros do Teatro de Arena.

Considerando o caráter negativo e indefinido do período em que se produzem os musicais encontramos algumas explica-

13. *Arena Conta Tiradentes*, ed. cit., p. 126.

ções adicionais. Outras razões precisam ser procuradas e algumas são até comezinhas, relacionadas às próprias dificuldades que as condições do espaço e das finanças do teatro opunham à suas pretensões. Entendemos, ao analisar *Arena Conta Zumbi*, que parte das simplificações presentes no espetáculo podem ser atribuídas à necessidade de se representar um conflito amplo com um número reduzido de atores, num espírito de adequação dos objetivos aos meios disponíveis, o que já era, aliás, uma tradição da Companhia.

Às vezes se faz necessário esbater um pouco a vasta teorização com que, principalmente Boal, embala as produções de seu grupo. O Arena não é, como pretende seu diretor[14], um teatro revolucionário por ter-se desenvolvido através de etapas jamais cristalizadas. Esta faceta permite no máximo que o classifiquemos como teatro ágil, capaz de responder rapidamente às dificuldades enfrentadas. E não há nisso nenhum mal. Pelo contrário, uma das heranças mais caras que nos fica da história do Arena é o exemplo da tenacidade, de paixão que mobiliza todo um espírito criativo, capaz de superar, entre outros obstáculos, a pobreza material do teatro. Também os musicais são um pouco frutos desse impulso de sobrevivência e se Boal os compreende como síntese das etapas anteriores é que neles, enfrentando uma conjuntura particularmente crítica, o esforço de responder a muitos impasses mobilizou todo o acervo de experiências anteriores. E o Arena o fez com agilidade espantosa. *Zumbi*, que estréia em maio de 1965, começa a ser pensada em meados de fevereiro, quando Edu Lobo chega a São Paulo. De "Zambi no Açoite", composição de Edu e Vinícius de Morais, a semente de onde tudo partiu, até o produto final, o espetáculo mais marcante que o Arena criou desde *Eles Não Usam Black-Tie*, passaram-se pouco mais de dois meses. Uma tal rapidez, se por um lado exalta a capacidade inventiva do grupo, por outro, pode ser responsável por algumas insuficiências do musical.

Se as contradições permanecem em *Arena Conta Tiradentes*, uma peça já mais pensada, é que o Arena enfrenta um momento de revisão, no qual se mobiliza e se põe em jogo todo o conjunto das idéias políticas e estéticas por ele construído ao longo de sua história. E tenta resgatar toda essa experiência para salvar-se de uma crise que já se vai imiscuindo em seu interior.

---

14. A. BOAL, "Elogio Fúnebre do Teatro Brasileiro".

Em parte a crise deve-se a problemas econômicos, à escassez de platéias de que fala Boal em seu "Elogio fúnebre do teatro brasileiro". Existe também o impasse a que se refere Mariângela Alves de Lima: a dificuldade de se representar uma realidade profundamente subvertida. Mas existe ainda, no centro de tudo, uma crise instalada no meio das esquerdas e que podemos entrever em *Tiradentes* e na teorização sobre o Sistema Coringa.

Não por acaso, em *Tiradentes*, o principal alvo de crítica deixa de ser o inimigo para ceder lugar aos aliados da véspera. Até o papel da repressão, fundamental em *Zumbi* para explicar a derrota do povo, aparece atenuado na segunda peça. Não por acaso fica um certo desconforto entre as afirmações de fé no povo e o teor vanguardista das propostas implícitas no musical. Muito menos fortuito será o discurso de Boal sobre o Sistema que pretende uma unificação, mas na atitude agressiva de quem joga as cartas na mesa — Esta é a nossa posição: "que cada um diga a que veio".

Por trás das tentativas de reagrupar forças transparece a divisão. Derrotada, tocaiada, sem espaço para ação junto às massas, a esquerda entra em crise, desmembra-se e consigo mesma digladia. *Tiradentes* tenta combinar o inconciliável.

Caminhamos para conclusões que projetam imagem essencialmente negativa dos musicais: seriam criações realmente não inovadoras, reiterações do já visto e já vivido. A produção do Arena no final dos anos sessenta representaria um processo agônico, patética luta por manter uma unidade e uma estética destinadas e perderem seu posto diante de uma realidade em transformação, que vinha requerer novas formas, novas atitudes.

E no entanto, o anúncio de *Arena Conta Zumbi* falava em "coisa nova", em "teatro revolucionário". Estaria, pois, tão equivocada essa consciência que nos promete algo de inusitado?

Esbatendo o peso do discurso político, veremos que embora possam parecer arremate de processo, as propostas do Arena situam-se em um limite que não chegou a ser transposto, mas permite vislumbrar perspectivas interessantes, concordemos ou não com seu teor.

Antes de tudo é preciso lembrar que o Arena introduz uma nova forma de criação teatral, talvez mais sensível em *Zumbi* do que em *Tiradentes*. Realiza-se uma verdadeira elaboração coletiva. Não há mais como nos espetáculos anteriores um texto pronto sobre o qual diretor e atores se debrucem, ao qual se submetam, escavando-lhe os significados. Nos musicais, o produto vai sendo esculpido através de ampla cooperação, na qual se inclui o próprio público, cuja cumplicidade lhes emprestou uma parte de sua significação.

Começa a aflorar uma tendência que será marcante no teatro que se fez nos anos seguintes: o texto deixa de ser o mais importante. Em *Zumbi* ele quase inexiste. O que se tem é um roteiro, somado a uma colagem de elementos díspares, soldados através de uma fábula frágil. Tanto *Zumbi* quanto *Tiradentes* são concebidos como seqüências descontínuas e o conteúdo de cada cena nem sempre é dado pelo texto, mas pelo estilo escolhido para a interpretação.

Fazendo a crítica de *Arena Conta Zumbi*, Alberto D'Aversa prefere passar por alto sobre a banalidade dos conteúdos expostos pelo texto, afirmando que "desta vez o conteúdo do espetáculo é o próprio espetáculo"[15]. E trata de descrever as sugestões que a peça oferece em termos de uma nova forma de comunicação teatral.

Se olharmos o espetáculo por esse ângulo, veremos que ele rompe o hábito de uma comunicação discursiva, já pela descoberta, usando ainda palavras de D'Aversa, "do canto como uma indicação semântica de possibilidades bem mais amplas que a simples palavra"[16]. O discurso verbal cede lugar à plasticidade da cena. Antes que isso se tornasse banal, os atores do Arena arrancam efeitos admiráveis da capacidade expressiva do corpo humano.

De certa forma, a energia das canções e dos corpos, empregada com algum desprezo pelo requintes técnicos, é o lado afirmativo que complementa as demolições operadas pelas muitas irreverências das peças. Pelos corpos que dançam e se exibem, pelas gargantas de onde jorra o canto, fala tudo que é jovem, desabrido. Por ali fala o Arena inovador, que, superando o desespero da resistência mal aparelhada, alimenta uma liberdade de comportamentos sociais e artísticos oposta ao obscurantismo que ameaçava toldar seu tempo. Por aqui fala o Arena que sonha utopias, que se atrita contra as instituições, que se bate contra os limites da própria arte teatral, mas que

---

15. A. D'AVERSA, "Arena Canta Zumbi II", *Diário de S. Paulo*, 22.06.1965.

16. IDEM, "Arena Canta Zumbi I", 20.06.1965.

acaba tolhido por um Arena militante, desprovido, no entanto, de aprofundamento político suficiente para dar um salto com segurança.

As descobertas vão além dos efeitos plásticos e musicais. Incluem a liberdade com que se aplicam a desvinculação ator/personagem e o ecletismo de gênero e estilo, com que se conjugam elementos de natureza e origem diversa.

Encontra-se, para tratar as contribuições da cultura popular, um novo posicionamento. Não lhe discutiremos o mérito — a matéria é controversa e exigira exame de inúmeras elaborações a respeito do tema. Registremos apenas que o Arena, de certo modo, supera uma discussão corrente na década de 60 entre uma linha que advoga a preservação, em sua pureza, das tradições populares e outra que tende a manipular os gêneros cultivados pelo povo, com vistas à politização.

Nos musicais sente-se uma adesão à autenticidade dos ritmos populares, à simplicidade de um humor sem farpas ocultas. Por outro lado, transformados pelos subsídios políticos e somados àqueles advindos de uma tradição do teatro universal, os recursos de uma arte popular brasileira oferecem soluções felizes para a transmissão dos conteúdos. É o caso do cantador que, em *Zumbi*, substitui com êxito o narrador. Ou ainda, de achados como o bloco carnavalesco que com a marcha-rancho "Critique menos e trabalhe mais" revela, em uma das cenas de *Tiradentes*, múltiplos significados, de forma sintética.

Mariângela Alves de Lima oferece-nos uma interessante pista quanto ao tratamento do popular nos musicais quando nos chama a atenção para a "Ave Maria" dos quilombos, após afirmar que

há um trabalho de pesquisa que antecede cada um dos musicais. Mas a reelaboração dos dados dessa pesquisa, como, por exemplo, do sincretismo religioso e da sobrevivência do vocabulário africano em *Zumbi*, são representados com uma preocupação de preservar sua beleza original, sem acrescentar muitos enfeites[17].

Não importa aqui a relatividade da pesquisa que fundamenta, na peça, a visão da cultura negra. Importa, sim, o arranjo poético em que a representação do sincretismo religioso e das expressões africanas perde qualquer vício da reprodução ingênua ou do gosto pelo exótico para comporem, com rara felicidade, uma expressão do pensamento contraditório do povo rebelde e alienado, dividido entre a sua cultura e a do colonizador, entre a sua verdade e a de quem o oprime.

17. M. A. LIMA, *op. cit.*, p. 58.

Nesses raros momentos os musicais do Arena fazem vislumbrar a meta que os espetáculos, em seu conjunto, não conseguem atingir – a concretude da representação.

Em sua busca do popular, o Teatro de Arena passara por experiências diversas, oscilando entre a utilização ingênua de gêneros populares, a manipulação de personagens e histórias tradicionais, a discussão de temas políticos gerais, a revelação de aspectos da vida do homem humilde. Denuncia-se a exploração de que é vítima, conta-se a sua luta, mostra-se a sua arte: sua, isto é, do outro, de alguém que não é nem o artista e nem seu público.

Nos musicais, a cultura popular está introjetada no acervo de conhecimentos de vivências do artista, entra intimamente na composição dos recursos expressivos. Não há hiato sensível entre as fontes da tradição brasileira e as de uma arte erudita ou popular, mas universal. O artista assimilou todos os elementos, reelaborando-os com os dados de sua perspectiva cultural e política. Isso é válido tanto para o que se refere à música, aos recursos cênicos, quanto para a tentativa (por mais equivocada que seja) de apropriar-se de nossos mitos históricos, interpretando-os sob ótica diversa daquela pela qual os congelou a historiografia oficial.

O vasto ecletismo dos musicais passa por uma descoberta de que tudo aquilo que se toma é propriedade comum. Nada ali é do outro, mesmo porque – e isto, sobretudo é novo – o Arena não fala mais de uma opressão sofrida pelo outro, por remotos camponeses e operários. Por trás de um discurso em que a exaltação do povo aparece sempre um pouco deslocada (o que é mais notável em *Tiradentes*), soando, às vezes, como postiça, os meramente pequeno-burgueses, infaustamente oriundos de classe não-revolucionária, mas que assumiram, por motivos diversos, o compromisso com uma transformação social, os estudantes, os intelectuais, os artistas de esquerda, ousam falar de sua própria dor, de suas perplexidades, de sua derrota, de sua esperança manietada.

Não há apenas redundância na interação que une palco e platéia através de experiências que lhe são comuns, porque ambos, naquela ocasião, se redescobrem com novas feições. Reside aí o sentido das celebrações em que se transformam os musicais. Todos solenizavam o encontro com seu rosto de oprimidos, com o direito de fazer, já para si, e não para humilhados distantes, a revolução.

Não é muito exata a afirmação de que o ritual no teatro

substituía a verdadeira participação política. Oferecendo um instante de reconhecimento, o teatro, assim como boa parte da produção cultural daquele período, formava uma consciência e agia como impulso que exacerbava o desejo de participação.

Retomemos o pensamento de Roberto Schwarz sobre os efeitos da cultura que a esquerda, ilhada, produz, segundo ele, para alimentação de seu próprio círculo:

> Durante estes anos, enquanto lamentava abundantemente o seu confinamento e a sua impotência, a intelectualidade de esquerda foi estudando, ensinando, editando, filmando, falando etc, e sem perceber contribuíra para a criação, no interior da pequena burguesia, de uma geração maciçamente anticapitalista. A importância social e a disposição de luta desta faixa radical da população revelam-se agora, entre outras formas, na prática dos grupos que deram início à propaganda armada da revolução[18].

A revelação da existência de outros oprimidos na sociedade que não o operariado, se tem seu lado positivo, padecia, na ocasião, de uma insuficiência perigosa. Não se tinha à vista o limite de participação desses novos espoliados. Não ficava claro seu lugar na luta, seus instrumentos e tarefas. As propostas mais generosas resvalam para o risco de se empreender uma ação sem o povo e quase apesar do povo.

De pouco vale o esforço dos contadores de *Tiradentes* para manterem, na análise política, a insistência na necessidade de participação da classe fundamental. A peça deixa ver a triste ausência do povo e insinua uma proposta de ação idealista.

O erro é mais uma vez o do teatro que se prende a seu tempo e sofre suas limitações, ainda que pretenda colocar-se no limiar do horizonte mais avançado da época.

Se pode ser tomado como um mal o compromisso que impedira a arte de encontrar um discurso capaz de ultrapassar seu tempo, esta redução acabou por colocar-se como fundamento do que há de mais interessante nas realizações do Arena e que se revela exatamente naquela cumplicidade entre cena e público que parece tão estreita e empobrecedora.

A esse respeito devolvemos ainda uma vez a palavra a Roberto Schwarz: "Essa cumplicidade tem, é certo, um lado fácil e tautológico, mas cria o espaço teatral – que no Brasil o teatro comercial não havia conhecido – para o argumento ativo, livre de literatice". É um novo teatro que nasce da combinação entre "cena rebaixada" e "um público ativista", a qual

> deu momentos teatrais extraordinários, e repunha na ordem do dia as questões do didatismo. Em lugar de oferecer aos estudantes a profundidade insondável de um

---
18. R. SCHWARZ, *op. cit.*, pp. 62-63.

texto belo ou de um grande ator, o teatro oferecia-lhes uma coleção de argumentos e comportamentos bem pensados, para imitação, crítica ou rejeição. A distância entre o especialista e o leigo diminuíra muito[19].

Schwarz julga ver uma situação rara em que se revelam os caminhos pelos quais passa a democratização em arte e um momento que se aproxima do idílio entre a arte e seu público que Brecht imaginara para o teatro socialista na RDA.

No final de uma história cuja coerência é dada, entre outros fatores, pela ansiosa busca de um teatro popular, o Arena, pela prática, levanta uma proposta que não integra seu discurso teórico quando nos faz ver as possibilidades que se oferecem para uma arte enraizada, que saiba reconhecer os valores do meio social de que participa e com eles trabalhar. Está-se bem distante daquela arte popular em escala de massas que o CPC tentara atingir. No fim da década de sessenta, o Arena aproxima-se de algo que se poderia chamar de uma cultura comunitária.

O Teatro de Arena desencadeia um processo, mas não chega a ver-lhe o fim. A partir do AI 5, em dezembro de 68 sua comunidade vai ser definitivamente desmembrada. São destruídas as condições que poderiam ter atestado em definitivo o alcance ou os limites daquele teatro. O Arena cai em semi-clandestinidade e irá perecer junto com a mais ardente e malograda parcela de sua comunidade, enquanto o Redondo se descaracterizava, a USP se recolhia à Cidade Universitária, a rua se alargava e se fazia domínio do automóvel, o concreto recobria a Consolação – definitivamente outros tempos.

Aqui acaba o caso que tínhamos para contar. Poderíamos encerrá-lo com o título de um artigo de Alberto Beuttenmuller[20]: "O ARENA (aos 25 anos) APENAS UM LETREIRO APAGADO". Não o faremos por lembrar que as coisas e as gentes deixaram marcas e fizeram continuadores. As últimas atividades do Arena propiciaram a multiplicação de outras tantas equipes que pudessem vir a empregar o instrumental conquistado para fazerem o teatro de outras tantas comunidades.

---

19. R. SCHWARZ, *op. cit.*, pp. 81-82.
20. *Jornal do Brasil*, 29.09.1976.

Bibliografia

TEXTOS CRÍTICOS SOBRE *ARENA CONTA ZUMBI* E *ARENA CONTA TIRADENTES*

1. APOLINÁRIO, J. "Arena Conta Zumbi". *Última Hora*, 15.05.1965.
2. ———. "Arena Conta Tiradentes". *Última Hora*, 02.05.1967.
3. D'AVERSA, Alberto. "Arena Canta Zumbi". *Diário de S. Paulo*, 20.06.1965.
4. ———. "Arena Canta Zumbi II". *Diário de S. Paulo*, 22.06.1965.
5. ———. "Arena Conta Tiradentes". *Diário de S. Paulo*, 29.04.1967.
6. ———. "O Arena Começou a nos Contar Tiradentes". *Diário de S. Paulo*, 30.04.1967.
7. ———. "O Time do Tiradentes Joga com Coringa". *Diário de S. Paulo*, 03.05.1967.
8. ———. "Os Atores Multiplicados". *Diário de S. Paulo*, 04.05.1967.
9. ———. "Os Cont-Atores de Tiradentes". *Diário de S. Paulo*, 05.05.1967.
10. MAGALDI, Sábato. "Um Tiradentes de Nossos Dias". *Jornal da Tarde*, 28.04.1967.
11. ———. "Arena Conta Tiradentes". Suplemento Literário de *O Estado de S. Paulo*, 01.07.1967.
12. MARSCHNER, João. "Tiradentes Examinado por Teatro". *O Estado de S. Paulo*, 25.04.1967.
13. MENDONÇA, Paulo. "Arena Conta Zumbi". *Folha de S. Paulo*, 11.05.1965.
14. ———. "Maniqueísmo em Zumbi". *Folha de S. Paulo*, 23.05.1965.
15. ———. "Zumbi: 4 meses depois". *Folha de S. Paulo*, 30.09.1965.
16. ———. "Tiradentes". *Folha de S. Paulo*, 30.04.1967.
17. MOREIRA, Maria Sylvia Franco. "Tiradentes Versão Arena". Suplemento Literário de *O Estado de S. Paulo*, 12.08.1967.
18. PRADO, Décio de Almeida. "Arena Conta Zumbi". *O Estado de S. Paulo*, 09.05.1965.
19. ———. "Tiradentes Contado pelo Arena". *O Estado de S. Paulo*, 07.05.1967.
20. ROSENFELD, Anatol. "Heróis e Coringas". *Teoria e Prática*. n. 2, out. 1967 (texto republicado por *Arte em Revista*. n. 1, São Paulo, CEAC/Kairós, jan.-mar. 1979).

CRÍTICA DE ESPETÁCULOS LEVADOS PELO TEATRO DE ARENA, PUBLICADAS EM PERIÓDICOS

1. "Esta Noite é Nossa". *Anhembi*, ano III, n. 30, maio 1953.
2. "Uma Mulher e Três Palhaços" e "Esta Noite é Nossa". *Anhembi*, ano V, n. 52, mar. 1955.
3. "A Rosa dos Ventos". *Anhembi*, ano V, n. 53, abr. 1955.
4. "Não se Sabe Como". *Anhembi*, ano V, n. 58, set. 1955.
5. "Não se Sabe Como". *Revista do Teatro Brasileiro*, n. 01, nov. 1955.
6. "Escola de Maridos". *Anhembi*, ano VI, n. 65, abr. 1956.
7. "Julgue Você" e "Dias Felizes". *Anhembi*, ano VI, n. 68, jul. 1956.
8. "Essas Mulheres". *Anhembi*, ano VI, n. 70, set. 1956.
9. "Ratos e Homens". *Anhembi*, ano VI, n. 72, nov. 1956.
10. "Marido Magro, Mulher Chata". *Anhembi*, ano VII, n. 74, jan. 1957.
11. "Enquanto Eles Forem Felizes". *Anhembi*, ano VII, n. 79, jun. 1957.
12. "Juno e o Pavão". *Anhembi*, ano VII, n. 82, set. 1957.
13. "Só o Faraó Tem Alma". *Anhembi*, ano VIII, n. 83, out. 1957.
14. "A Mulher do Outro". *Anhembi*, ano VIII, n. 88, mar. 1958.
15. MENDONÇA, Paulo. "Eles Não Usam Black-Tie". *Anhembi*, ano VIII, n. 89, abr. 1958.
16. B. B.. "Ainda Eles Não Usam Black-Tie". *Anhembi*, ano VIII, n. 89, abr. 1958.
17. MAGALDI, Sábato. "Problemas de Chapetuba F. C.". Suplemento Literário de *O Estado de S. Paulo*, 04.04.1959.
18. "Chapetuba Futebol Clube". *Anhembi*, ano IX, n. 102, maio 1959.
19. MAGALDI, Sábato. "De Black-Tie a Gimba". Suplemento Literário de *O Estado de S. Paulo*, 09.05.1959.
20. B. B.. "Gimba". *Anhembi*, ano IX, n. 103, jun. 1959.
21. "Gente como a Gente". *Anhembi*, ano IX, n. 106, set. 1959.
22. MAGALDI, Sábato. "A Farsa da Esposa Perfeita". Suplemento Literário de *O Estado de S. Paulo*, 17.10.1959.
23. LEITE, Luiza Barreto. "Revolução na América do Sul". Folhetim do *Jornal do Comércio*, Rio de Janeiro, 27.05.1960.
24. GONÇALVES, Delmiro. "A Peça do Teatro de Arena". *O Estado de S. Paulo*, 28.09.1960.
25. ———. "O Espetáculo do Arena". *O Estado de S. Paulo*, 29.10.1960.
26. MAGALDI, Sábato. "Significado de Revolução". Suplemento Literário de *O Estado de S. Paulo*, 15.10.1960.
27. "Revolução na América do Sul". *Anhembi*, ano X, n. 121, dez. 1960.
28. "*Pintado de Alegre* no Teatro de Arena". *Anhembi*, ano XI, n. 124, mar. 1961.
29. "*A Semente*, de Gianfrancesco Guarnieri". *Anhembi*, ano XI, n. 126, maio 1961.
30. MAGALDI, Sábato. "Folclore Politizado". Suplemento Literário de *O Estado de S. Paulo*, 12.08.1961.
31. "*Os Fuzis da Senhora Carrar* no Teatro de Arena". *Anhembi*, ano XII, n. 138, maio 1962.
32. PRADO, Décio de Almeida. "Tartufo pelo Arena". *O Estado de S. Paulo*, 22.09.1964.
33. MENDONÇA, Paulo. "Das Liberdades que se Tomam". *Folha de S. Paulo*, 31.01.1965.
34. "Da Ordem dos Fatores". *Folha de S. Paulo*, 07.02.1965.
35. APOLINÁRIO, João. "Opinião no Ruth Escobar". *Última Hora*, 14.04.1965.
36. "Minha Opinião". *Última Hora*, 19.04.1965.

37. MENDONÇA, Paulo. "Arena Canta Bahia". *Folha de S. Paulo*, 22.09.1965.
38. MAGALDI, Sábato. "A Resistível Ascensão de Arturo Ui". *Jornal da Tarde*, 28.10.1970.

CRÍTICA DE ESPETÁCULOS, EM LIVROS

1. PRADO, Décio de Almeida. *Apresentação do Teatro Brasileiro Moderno* (crítica teatral, 1947/1955). São Paulo, Livraria Martins Editora, 1956.
2. ——. *Teatro em Progresso* (crítica teatral, 1955/1964), São Paulo, Livraria Martins Editora, 1964.
3. SILVEIRA, Miroel. *A Outra Crítica*. São Paulo, Edições Símbolo, 1976.

ESTUDOS SOBRE O TEATRO DE ARENA DE SÃO PAULO

1. GOLDFEDER, Sônia. *Teatro de Arena e Teatro Oficina: O Político e o Revolucionário*. Dissertação apresentada no Conjunto de Política do Departamento de Ciências Sociais da Universidade Estadual de Campinas, 1977.

2. VARGAS, Maria Thereza. GUIMARÃES, Carmelinda e ALVES DE LIMA, Mariângela (textos e organização), *Dionysos* n. 24, Rio de Janeiro, MEC/DAC/FUNARTE/SNT, out. 1978 – número especial sobre o Teatro de Arena.

ARTIGOS, REPORTAGENS, ENTREVISTAS REFERENTES AO TEATRO DE ARENA, PUBLICADOS EM PERIÓDICOS

1. "Demorado Adeus no MAM". *Anhembi*, ano I, n. 10, set. 1951.
2. "O Teatro de Arena como Solução para a Falta de Teatros no Brasil". *Anhembi*, ano I, n. 10, set. 1951.
3. "Quais São os Componentes da Companhia de Teatro de Arena". *Última Hora*, 09.04.1953.
4. "Teatro de Arena no Museu de Arte Moderna". *Última Hora*, 10.04.1953.
5. "Dois Depoimentos Sobre a Primeira Companhia de Teatro de Arena". *Última Hora*, 10.04.1953.
6. "Teatro de Arena". *Anhembi*, ano III, n. 34, set. 1953.
7. "Companhia de Teatro de Arena e Sociedade de Teatro de Arena – abertura do primeiro teatro de arena em caráter permanente da América do Sul". *O Estado de S. Paulo*, 27.01.1955.
8. "São Paulo Conta com um Teatro de Arena". *Última Hora*, 02.02.1955.
9. Entrevista com os Componentes do TPE. *Revista do Teatro Amador*, ano I, n. 5, dez. 1955.
10. "O Teatro Amador em Defesa de Nossas Tradições Culturais". *Revista do Teatro Amador*, ano I, n. 6, jan. 1956.
11. "TPE Apresenta-se no Arena". *Revista do Teatro Brasileiro*, n. 3, jan. 1956.
12. RENATO, José. "A Experiência do Teatro de Arena". *Revista do Teatro Brasileiro*, n. 6, abr. 1956.
13. "Estabelecimento de Elenco Estável no Arena". *Revista do Teatro Brasileiro*, n. 6, abr. 1956.
14. BOAL, Augusto. "Ratos e Homens". *Revista do Teatro Brasileiro*, n. 9, ago.-set. 1956.
15. "Estréia de *Eles Não Usam Black-Tie*". *Folha da Manhã*, 22.03.1958.
16. "Entrevista com José Renato". *A Gazeta*, 19.01.1959.
17. "Teatro de Arena e de Problemas". *Tribuna da Imprensa*, 12.09.1959.
18. GUARNIERI, G. "O Teatro como Expressão da Realidade Nacional". *Revista Brasiliense*, n. 26, São Paulo, Editora Brasiliense, set.-out. 1959.

19. CARVALHAES, A. "Teatro de Arena: 6 Anos". Suplemento Literário de *O Estado de S. Paulo*, 10.06.1961.
20. BOAL, A. "Tentativa de Análise do Desenvolvimento do Teatro Brasileiro". In: *Cadernos do Oficina*, São Paulo, Massao Ohno, ago. 1961.
21. MARSCHNER, J. "Arena: Alguns Equívocos". Suplemento Literário de *O Estado de S. Paulo*, 02.09.1961.
22. "Folclore no Arena". *Anhembi*, ano XII, n. 143, out. 1963.
23. VIANNA FILHO, Oduvaldo. "Do Arena ao CPC". *Movimento*, n. 6, out. 1962.
24. "O Tartufo com Espírito Moderno Estréia no Arena". *O Estado de S. Paulo*, 04.09.1964.
25. "Historinha no Paramount". *O Estado de S. Paulo*, 04.11.1964.
26. "Arena Convidado para o Festival de Mar Del Plata". *O Estado de S. Paulo*, 13.11.1964.
27. "Estréia de Ontem" e "O Que Há com Opinião". *Última Hora*, 08.05.1965.
28. "Núcleo 2 Quer Dar ao Público o Que o Público Quer". *Folha de S. Paulo*, 16.01.1967.
29. "Acabou o Arena". *Jornal da Tarde*, 29.03.1972.
30. MAYRINK, Geraldo. "Entrevista com Gianfrancesco Guarnieri". *Argumento*, n. 1, out. 1973.
31. VIANNA FILHO, Oduvaldo. Entrevista ao Jornal *Opinião*. n. 90, 29.03.1974.
32. BEUTTEMULLER, Alberto. "O Arena aos 25 Anos: Apenas um Letreiro Apagado". *Jornal do Brasil*, 29.09.1976.
33. PEIXOTO, Fernando. "Entrevista com Gianfrancesco Guarnieri". *Encontros com a Civilização Brasileira*, n. 1, jul. 1978.

PEÇAS DE AUGUSTO BOAL E GIANFRANCESCO GUARNIERI E OUTRAS OBRAS ENCENADAS PELO ARENA

1. BOAL, A. e GUARNIERI, Gianfrancesco. *Arena Conta Zumbi*. Revista de Teatro da SBAT (Sociedade Brasileira de Autores Teatrais) n. 378, Rio de Janeiro, nov.-dez. 1970.
2. ———. *Arena Conta Tiradentes*. São Paulo, Livraria Editora Sagarana, 1967.
3. BOAL, A., *Revolução na América do Sul*, São Paulo, Massao Ohno, s/d.
4. ———. *A Lua Muito Pequena e a Caminhada Perigosa*. Exemplar mimeografado.
5. GUARNIERI, G. *Eles Não Usam Black-Tie*. São Paulo, Editora Brasiliense, 1966.
6. ———. *A Semente*, São Paulo, Massao Ohno, s/d.
7. ———. *O Filho do Cão*. Rio de Janeiro, Editora Civilização Brasileira, 1978.
8. FREIRE, Roberto. *Quarto de Empregada*, São Paulo, Editora Brasiliense, 1966.
9. LIMA, Edy. *A Farsa da Esposa Perfeita*. Revista de Teatro da SBAT. n. 315, maio-jun. 1960.
10. MAQUIAVEL, N. *A Mandrágora*. São Paulo, Abril Cultural, 1976.
11. MOLIÈRE. *Tartufo*. São Paulo, Abril Cultural, 1976.

ARTIGOS E LIVROS DE AUGUSTO BOAL

1. "Rascunho Esquemático de um Novo Sistema de Espetáculo e Dramaturgia Denominado Sistema do Coringa". In: *Anuário do Teatro Paulista de 1967*, Comissão Estadual de Teatro, Secretaria de Cultura, Esportes e Turismo do Estado de São Paulo.

2. "Elogio Fúnebre do Teatro Brasileiro Visto da Perspectiva do Arena; A Necessidade do Coringa; As Metas do Coringa; As Estruturas do Coringa; Tiradentes: Questões Preliminares; Quixotes e Heróis". In: *Arena Conta Tiradentes*, São Paulo, Livraria Editora Sagarana, 1967.
3. *Teatro del Oprimido y Otras Poéticas Políticas*. Buenos Aires, Ediciones de La Flor, 1974.
4. *Técnicas Latinoamericanas de Teatro Popular*. Buenos Aires, Ediciones Corregidor, 1975.

PROGRAMAS DE TEATRO

Programas editados pela Companhia de Teatro de Arena de São Paulo, de 1953 a 1972

TEATRO BRASILEIRO – LIVROS

1. DÓRIA, Gustavo. *Moderno Teatro Brasileiro*. Rio de Janeiro, MEC/SNT, 1975.
2. JACOBBI, Rugero. *Teatro in Brasile*. Bologna, Documenti di teatro, Capelli Ed., 1961.
3. KÜHNER, Maria Helena. *Teatro em Tempo de Síntese*, Rio de Janeiro, Editora Paz e Terra, 1971.
4. MAGALDI, S. *Panorama do Teatro Brasileiro*, Rio de Janeiro, SNT/DAC-FUNARTE/MEC, 1978.
5. PRADO, Décio de Almeida. "A Evolução da Literatura Dramática". In: *A Literatura no Brasil*, dir. Afrânio Coutinho, Rio de Janeiro, Editora Sul Americana, 1971, vol. VI.

TEATRO BRASILEIRO – PERIÓDICOS

I. Suplemento Literário de *O Estado de S. Paulo*:
   I1. MAGALDI, S. "Por um Teatro Brasileiro". 24.11.1956.
   ———. "O Drama Brasileiro Atual". 04.01.1957.
   ———. "Por um Teatro Popular". 02.02.1957.
   ———. "Noção de Teatro Popular". 09.02.1957.
   ———. "A Desorientação do Teatro". 11.04.1957.
   ———. "Problemas de Repertório". 25.07.1959.
   ———. "Nacionalismo e Teatro". 14.11.1959.
   ———. "Vitórias Teatrais". 08.10.1960.
   ———. "Considerações de Fim de Ano". 31.12.1960.
   I2. HECKER FILHO, Paulo. "Teatro Brasileiro Atual". 30.12.1961.
   I3. CARPEAUX, Otto M. "Situação do Teatro Nacional". 15.12.1962.
   I4. LINS, Osman. "Situação do Autor Teatral Brasileiro". 25.01.1964.
   I5. ROSENFELD, A. "Problemas de Teatro". 31.10.1964.

II. *Revista da Civilização Brasileira*:
   II1. FIALHO, A. Veiga. "Teatro no Brasil: Balanço de 1964". N. 1, mar. 1965.
   II2. FRANCIS, Paulo. "Novo Rumo para Autores". N. 1, mar. 1965.
   ———. "De Gorki a Nelson Rodrigues". N. 3, jul. 1965.
   II3. MACIEL, Luiz Carlos. "Situação do Teatro Brasileiro". N. 8, jul. 1965.
   II4. PEIXOTO, Fernando. "Problemas do Teatro no Brasil". N. 15, set. 1967.
   II5. FEBROT, Luiz Israel. "Teatro do Trabalhador e Teatro de Massas". N. 18, mar.-abr. 1968.

II6. VÁRIOS, Caderno Especial n. 2: *Teatro e Realidade Brasileira*. Jul. 1968.

III. *Outras Publicações*:

III1. MAGALDI, S. "Visão do Teatro Brasileiro Contemporâneo". *Cultura*, MEC, out.-dez. 1977.

III2. MAGALDI, S. e VARGAS, Maria Thereza. "Cem Anos de Teatro". Suplemento do centenário de *O Estado de S. Paulo*, 17.01.1976.

COLEÇÃO ESTUDOS

1. *Introdução à Cibernética*, W. Ross Ashby.
2. *Mimesis*, Erich Auerbach.
3. *A Criação Científica*, Abraham Moles.
4. *Homo Ludens*, Johan Huizinga.
5. *A Lingüística Estrutural*, Giulio C. Lepschy.
6. *A Estrutura Ausente*, Umberto Eco.
7. *Comportamento*, Donald Broadbent.
8. *Nordeste 1817*, Carlos Guilherme Mota.
9. *Cristãos-Novos na Bahia*, Anita Novinsky.
10. *A Inteligência Humana*, H.J. Butcher.
11. *João Caetano*, Décio de Almeida Prado.
12. *As Grandes Correntes da Mística Judaica*, Gershom G. Scholem.
13. *Vida e Valores do Povo Judeu*, Cecil Roth e outros.
14. *A Lógica da Criação Literária*, Käte Hamburger.
15. *Sociodinâmica da Cultura*, Abraham Moles.
16. *Gramatologia*, Jacques Derrida.
17. *Estampagem e Aprendizagem Inicial*, W. Sluckin.
18. *Estudos Afro-Brasileiros*, Roger Bastide.
19. *Morfologia do Macunaíma*, Haroldo de Campos.
20. *A Economia das Trocas Simbólicas*, Pierre Bourdieu.
21. *A Realidade Figurativa*, Pierre Francastel.
22. *Humberto Mauro, Cataguases, Cinearte*, Paulo Emílio Salles Gomes.
23. *História e Historiografia do Povo Judeu*, Salo W. Baron.
24. *Fernando Pessoa ou o Poetodrama*, José Augusto Seabra.
25. *As Formas do Conteúdo*, Umberto Eco.
26. *Filosofia da Nova Música*, Theodor Adorno.
27. *Por uma Arquitetura*, Le Corbusier.
28. *Percepção e Experiência*, M.D. Vernon.
29. *Filosofia do Estilo*, G.G. Granger.
30. *A Tradição do Novo*, Harold Rosenberg.
31. *Introdução à Gramática Gerativa*, Nicolas Ruwet.
32. *Sociologia da Cultura*, Karl Mannheim.
33. *Tarsila – Sua Obra e seu Tempo* (2 vols.), Aracy Amaral.
34. *O Mito Ariano*, Léon Poliakov.
35. *Lógica do Sentido*, Giles Delleuze.
36. *Mestres do Teatro I*, John Gassner.
37. *O Regionalismo Gaúcho*, Joseph L. Love.
38. *Sociedade, Mudança e Política*, Hélio Jaguaribe.
39. *Desenvolvimento Político*, Hélio Jaguaribe.
40. *Crises e Alternativas da América Latina*, Hélio Jaguaribe.

41. *De Geração a Geração*, S.N. Eisenstadt.
42. *Política Econômica e Desenvolvimento do Brasil*, Nathanael H. Leff.
43. *Prolegômenos a uma Teoria da Linguagem*, Louis Hjelmslev.
44. *Sentimento e Forma*, Susanne K. Langer.
45. *A Política e o Conhecimento Sociológico*, F.G. Castles.
46. *Semiótica*, Charles S. Peirce.
47. *Ensaios de Sociologia*, Marcel Mauss.
48. *Mestres do Teatro II*, John Gassner.
49. *Uma Poética para António Machado*, Ricardo Gullón.
50. *Burocracia e Sociedade no Brasil Colonial*, Stuart B. Schwartz.
51. *A Visão Existenciadora*, Evaldo Coutinho.
52. *América Latina em sua Literatura*, Unesco.
53. *Os Nuer*, E.E. Evans-Pritchard.
54. *Introdução à Textologia*, Roger Laufer.
55. *O Lugar de Todos os Lugares*, Evaldo Coutinho.
56. *Sociedade Israelense*, S.N. Eisenstadt.
57. *Das Arcadas do Bacharelismo*, Alberto Venâncio Filho.
58. *Artaud e o Teatro*, Alain Virmaux.
59. *O Espaço da Arquitetura*, Evaldo Coutinho.
60. *Antropologia Aplicada*, Roger Bastide.
61. *História da Loucura*, Michel Foucault.
62. *Improvisação para o Teatro*, Viola Spolin.
63. *De Cristo aos Judeus da Corte*, Léon Poliakov.
64. *De Maomé aos Marranos*, Léon Poliakov.
65. *De Voltaire a Wagner*, Léon Poliakov.
66. *A Europa Suicida*, Léon Poliakov.
67. *O Urbanismo*, Françoise Choay.
68. *Pedagogia Institucional*, A. Vasquez e F. Oury.
69. *Pessoa e Personagem*, Michel Zeraffa.
70. *O Convívio Alegórico*, Evaldo Coutinho.
71. *O Convênio do Café*, Celso Lafer.
72. *A Linguagem*, Edward Sapir.
73. *Tratado Geral de Semiótica*, Umberto Eco.
74. *Ser e Estar em Nós*, Evaldo Coutinho.
75. *Estrutura da Teoria Psicanalítica*, David Rapaport.
76. *Jogo, Teatro & Pensamento*, Richard Courtney.
77. *Teoria Crítica*, Max Horkheimer.
78. *A Subordinação ao Nosso Existir*, Evaldo Coutinho.
79. *A Estratégia dos Signos*, Lucrécia D'Aléssio Ferrara.
80. *Teatro: Leste & Oeste*, Leonard C. Pronko.
81. *Freud: A Trama dos Conceitos*, Renato Mezan.
82. *Vanguarda e Cosmopolitismo*, Jorge Schwartz.
83. *O Livro dIsso*, Georg Groddeck.
84. *A Testemunha Participante*, Evaldo Coutinho.
85. *Como se Faz uma Tese*, Umberto Eco.
86. *Uma Atriz: Cacilda Becker*, Nanci Fernandes e Maria Thereza Vargas.
87. *Jesus e Israel*, Jules Isaac.
88. *A Regra e o Modelo*, Françoise Choay.
89. *Lector in Fabula*, Umberto Eco.
90. *TBC: Crônica de um Sonho*, Alberto Guzik.
91. *Os Processos Criativos de Robert Wilson*, Luiz Roberto Galizia.
92. *Poética em Ação*, Roman Jakobson.
93. *Tradução Intersemiótica*, Julio Plaza.
94. *Futurismo: Uma Poética da Modernidade*, Annateresa Fabris.
95. *Melanie Klein I*, Jean-Michel Petot.
96. *Melanie Klein II*, Jean-Michel Petot.
97. *A Artisticidade do Ser*, Evaldo Coutinho.
98. *Nelson Rodrigues: Drama e Encenações*, Sábato Magaldi.
99. *O Homem e seu Isso*, Georg Groddeck.
100. *José de Alencar e o Teatro*, João Roberto Faria.
101. *Fernando Azevedo: Educação e Transformação*, Maria Luiza Penna.
102. *Dilthey: Um Conceito de Vida...*, Mª Nazaré de Camargo Pacheco Amaral.

Este livro foi impresso na
LIS GRÁFICA E EDITORA LTDA.
Rua Visconde de Parnaíba, 2.753 - Belenzinho
CEP 03045 - São Paulo - SP - Fone: 292-5666
com filmes fornecidos pelo editor.